Layla al-Amin

Religião Egípcia
A Jornada da Alma no Além

**Título Original: -** Religião Egípcia
**Copyright © 2025,** publicado por Luiz Antonio dos Santos ME.

Este livro é uma obra de não-ficção que explora os mitos, práticas e conceitos relacionados à religião egípcia, destacando sua influência na cultura, espiritualidade e sociedade. Através de uma abordagem detalhada, o autor oferece uma visão ampla das crenças egípcias, suas divindades, rituais e a jornada da alma no além.

**1ª Edição**
**Equipe de Produção**
**Autor**: Layla al-Amin
**Editor**: Luiz Santos
**Capa**: Studios Booklas
**Diagramação**: Rafael Mendes
Tradução: Camila Duarte
**Publicação e Identificação**
Religião Egípcia: A Jornada da Alma no Além
Booklas, 2025
**Categorias**: Religião/História/Antropologia
**DDC:** 299.31 **CDU:** 2-583

**Todos os direitos reservados a:**
Luiz Antonio dos Santos ME / Booklas

Nenhuma parte deste livro pode ser reproduzida, armazenada num sistema de recuperação ou transmitida por qualquer meio — eletrônico, mecânico, fotocópia, gravação ou outro — sem a autorização prévia e expressa do detentor dos direitos de autor.

# Sumário

Índice Sistemático ................................................................... 5
Prólogo ...................................................................................... 9
Capítulo 1 A Religião Egípcia .............................................. 11
Capítulo 2 Aspectos de Rá .................................................... 18
Capítulo 3 Cultuando Rá ....................................................... 25
Capítulo 4 A Deusa Ísis ......................................................... 32
Capítulo 5 Mitos de Ísis ........................................................ 39
Capítulo 6 Devoção a Ísis ..................................................... 46
Capítulo 7 Osíris, o Rei ......................................................... 53
Capítulo 8 Mito de Osíris ...................................................... 60
Capítulo 9 Adoração a Osíris ............................................... 67
Capítulo 10 Anúbis e a Morte .............................................. 75
Capítulo 11 Ritos Funerários ............................................... 83
Capítulo 12 Anúbis Guia ....................................................... 91
Capítulo 13 Alma Egípcia ..................................................... 98
Capítulo 14 Duat: o Submundo ........................................... 106
Capítulo 15 Perigos do Duat ................................................ 114
Capítulo 16 Livro dos Mortos .............................................. 123
Capítulo 17 Julgamento Final .............................................. 130
Capítulo 18 Confissão Negativa .......................................... 137
Capítulo 19 Destino da Alma ............................................... 145
Capítulo 20 Simbolismo Egípcio ......................................... 153
Capítulo 21 Amuletos e Proteção ........................................ 161
Capítulo 22 O Olho de Hórus .............................................. 169
Capítulo 23 Escaravelho Sagrado ........................................ 176

Capítulo 24 Animais Sagrados ................................................. 183
Capítulo 25 Faraó e o Divino .................................................... 190
Capítulo 26 Sacerdotes e Templos ............................................ 198
Capítulo 27 Festivais Religiosos ............................................... 205
Capítulo 28 Magia e Medicina .................................................. 212
Capítulo 29 A Morte e o Renascimento .................................... 219
Capítulo 30 Preparação para o Além ........................................ 226
Capítulo 31 O Julgamento Interior ............................................ 233
Capítulo 32 Maat e a Vida Ética ............................................... 240
Capítulo 33 A Busca pela Imortalidade .................................... 248
Capítulo 34 A Jornada Continua ............................................... 255
Epílogo ....................................................................................... 261

# Índice Sistemático

**Capítulo 1:** A Religião Egípcia - Explora a relação intrínseca entre religião e sociedade no Egito Antigo, moldando a identidade cultural, política e espiritual.

**Capítulo 2:** Aspectos de Rá - Aborda a figura de Rá, o deus Sol, como força vital e criadora, sua jornada diária e seu significado na ordem cósmica.

**Capítulo 3:** Cultuando Rá - Explora as diversas formas de culto a Rá, incluindo templos, rituais e festivais, que refletem a profunda reverência ao deus Sol.

**Capítulo 4:** A Deusa Ísis - Apresenta Ísis como a deusa da magia, da maternidade e da cura, destacando seu papel como protetora e restauradora da ordem.

**Capítulo 5:** Mitos de Ísis - Mergulha nas narrativas que envolvem Ísis, como a saga com Osíris e a proteção de Hórus, revelando sua força e compaixão.

**Capítulo 6:** Devoção a Ísis - Explora a devoção à deusa Ísis, incluindo seus templos, amuletos e rituais, destacando sua importância para a proteção e cura.

**Capítulo 7:** Osíris, o Rei - Retrata Osíris como o deus da vegetação e do renascimento, guardião das leis e soberano do submundo.

**Capítulo 8:** Mito de Osíris - Narra o mito de Osíris, sua morte e ressurreição, e sua relação com Ísis e Seth.

**Capítulo 9:** Adoração a Osíris - Aborda a adoração a Osíris, incluindo seus templos, rituais e festivais, como os "Mistérios de Osíris".

**Capítulo 10:** Anúbis e a Morte - Explora o papel de Anúbis como deus da mumificação e guia dos mortos, responsável pela transição e proteção.

**Capítulo 11:** Ritos Funerários - Descreve os ritos funerários egípcios, incluindo a mumificação, as tumbas e as cerimônias, que visavam garantir a vida após a morte.

**Capítulo 12:** Anúbis Guia - Detalha o papel de Anúbis como guia das almas pelo Duat, o submundo, protegendo-as e conduzindo-as ao julgamento final.

**Capítulo 13:** Alma Egípcia - Explora a concepção egípcia da alma, com seus diferentes componentes como o Ka, Ba e Akh, e sua importância para a vida após a morte.

**Capítulo 14:** Duat: o Submundo - Descreve o Duat, o submundo egípcio, como um reino de desafios e transformações, onde a alma enfrenta julgamentos e provações.

**Capítulo 15:** Perigos do Duat - Aborda os perigos e desafios que a alma enfrenta no Duat, incluindo criaturas monstruosas, obstáculos e o julgamento final.

**Capítulo 16:** Livro dos Mortos - Apresenta o "Livro dos Mortos" como um guia para a vida após a morte, com feitiços, hinos e instruções para a alma.

**Capítulo 17:** Julgamento Final - Detalha o julgamento final no Tribunal de Osíris, onde o coração do falecido é pesado contra a pena de Maat, determinando seu destino.

**Capítulo 18:** Confissão Negativa - Explora a Confissão Negativa, um feitiço recitado pela alma para negar seus pecados e afirmar sua pureza diante dos deuses.

**Capítulo 19:** Destino da Alma - Aborda os possíveis destinos da alma após o julgamento, incluindo o paraíso, o "Campo de Juncos", e a aniquilação.

**Capítulo 20:** Simbolismo Egípcio - Explora o simbolismo egípcio, incluindo animais sagrados, cores, hieróglifos e sua importância na representação de conceitos.

**Capítulo 21:** Amuletos e Proteção - Descreve o uso de amuletos para proteção, cura, boa sorte e sua importância na vida cotidiana e religiosa dos egípcios.

**Capítulo 22:** O Olho de Hórus - Aborda o Olho de Hórus como um símbolo de proteção, cura e poder, e sua relação com a mitologia e a realeza.

**Capítulo 23:** Escaravelho Sagrado - Explora o escaravelho como símbolo de renascimento, transformação e sua ligação com o deus Khepri e o ciclo solar.

**Capítulo 24:** Animais Sagrados - Descreve a importância dos animais sagrados na cultura egípcia, sua relação com os deuses e seu simbolismo na vida e na morte.

**Capítulo 25:** Faraó e o Divino - Aborda o papel do faraó como intermediário entre o divino e o humano, sua conexão com Hórus e Rá, e suas responsabilidades religiosas.

**Capítulo 26:** Sacerdotes e Templos - Explora o papel dos sacerdotes como guardiões do sagrado e os templos como centros religiosos e culturais no Egito Antigo.

**Capítulo 27:** Festivais Religiosos - Descreve os festivais religiosos egípcios, como o Festival de Opet e os Mistérios de Osíris, e sua importância social e espiritual.

**Capítulo 28:** Magia e Medicina - Aborda a relação entre magia e medicina no Egito Antigo, incluindo o uso de feitiços, amuletos e práticas médicas.

**Capítulo 29:** A Morte e o Renascimento - Explora a visão egípcia sobre a morte e o renascimento, sua ligação com os ciclos naturais e a crença na continuidade da vida.

**Capítulo 30:** Preparação para o Além - Descreve os métodos de preparação para a vida após a morte, como a mumificação, as tumbas e os textos funerários.

**Capítulo 31:** O Julgamento Interior - Aborda o conceito de julgamento interior, a busca por equilíbrio e a consciência individual como reflexo da ordem cósmica.

**Capítulo 32:** Maat e a Vida Ética - Explora Maat como princípio ético que guia a vida em harmonia com a verdade, a justiça e o equilíbrio cósmico.

**Capítulo 33:** A Busca pela Imortalidade - Aborda a busca pela imortalidade como uma jornada de transcendência que integra o humano ao divino e ao eterno.

**Capítulo 34:** A Jornada Continua - Conclui a exploração da religião egípcia, convidando o leitor a continuar refletindo sobre os mistérios da existência e da espiritualidade.

# Prólogo

Ao longo de milênios, a civilização egípcia construiu uma das mais impressionantes sínteses entre o mundo material e o espiritual já vistas. Este livro apresenta uma análise abrangente da religião egípcia, um sistema de crenças que não apenas estruturou a vida cotidiana desse povo, mas também definiu suas práticas culturais, políticas e espirituais.

A religião, para os antigos egípcios, era a base de toda a existência. Ela permeava desde as práticas agrícolas, que dependiam dos ciclos anuais do Nilo, até a organização política, em que o faraó era visto como a manifestação viva do divino. Este texto busca esclarecer como essas crenças moldaram a identidade de uma civilização que via no equilíbrio cósmico, o **ma'at**, a chave para a harmonia universal.

Além disso, o livro explora a rica iconografia e os rituais associados ao vasto panteão egípcio. Deuses como Rá, Ísis, Osíris e Hórus não eram apenas abstrações espirituais, mas forças vivas, presentes em todos os aspectos da vida egípcia. A relação simbiótica entre homem e divindade era reforçada por práticas como a mumificação, a construção de templos e a criação de textos funerários que orientavam a alma na jornada pelo **Duat**, o submundo.

Ao longo dos capítulos, o leitor será conduzido por uma narrativa que revela a complexidade dos mitos e rituais egípcios, o papel das divindades na manutenção da ordem cósmica e a centralidade da vida após a morte nas crenças desse povo. Este livro não apenas resgata aspectos históricos e mitológicos, mas também convida à reflexão sobre o impacto dessas práticas no imaginário coletivo da humanidade.

Que esta leitura seja uma oportunidade de imersão em uma cultura onde o humano e o divino se entrelaçam de forma inseparável, lançando luz sobre as origens de muitas das concepções espirituais que ainda nos acompanham. Bem-vindo ao universo da religião egípcia.

Luiz Santos
Editor

# Capítulo 1
# A Religião Egípcia

A civilização egípcia, ao longo de sua história milenar, moldou uma identidade singular em que religião e sociedade se entrelaçavam de maneira intrínseca, formando a base de suas realizações culturais, políticas e espirituais. A vida no Egito era regida por um senso de equilíbrio cósmico chamado *ma'at*, um princípio de ordem e harmonia que permeava não apenas o universo, mas também as relações humanas, as instituições e a interação com o divino. A religião não era apenas um aspecto da vida egípcia, mas a própria estrutura que sustentava todos os aspectos da existência, conferindo significado ao cotidiano e às aspirações de um povo profundamente conectado às forças da natureza e ao mistério da eternidade.

A adoração às divindades egípcias era mais do que uma expressão de fé; era uma relação simbiótica que buscava assegurar a continuidade da ordem natural e social. Os egípcios enxergavam o mundo como uma extensão do domínio divino, onde cada fenômeno natural, desde a enchente do Nilo até o movimento das estrelas, era expressão direta da vontade dos deuses. Essa percepção não apenas inspirava veneração, mas também direcionava práticas minuciosas, como a construção de templos majestosos e a realização de rituais meticulosamente elaborados. Esses espaços sagrados, considerados moradas físicas dos deuses, eram centros espirituais e políticos, onde sacerdotes atuavam como mediadores entre os homens e as forças superiores, reforçando a ligação entre a terra e o divino.

    A concepção egípcia de vida após a morte refletia uma visão rica e detalhada de continuidade espiritual, que atribuía grande importância à preservação do corpo e à preparação meticulosa para a jornada da alma no além. Para os antigos egípcios, a morte não representava uma ruptura, mas uma passagem necessária para alcançar um estado de existência eterna. Esse ideal era sustentado por crenças profundamente enraizadas na imortalidade da alma e pela expectativa de que a vida no além poderia ser tão vibrante quanto a vida terrena, desde que as condições corretas fossem asseguradas. Assim, práticas como a mumificação, a criação de tumbas adornadas e a composição de textos funerários eram encaradas não apenas como tradições culturais, mas como verdadeiras ferramentas para garantir o êxito no reino espiritual e perpetuar a conexão do indivíduo com o ciclo cósmico.

    A religião egípcia era essencialmente politeísta, um reflexo da conexão dos egípcios com o ambiente que os cercava, e seu panteão era tão vasto quanto diversificado, abrigando deuses e deusas que personificavam tanto as forças da natureza quanto as emoções humanas e conceitos abstratos. Cada divindade tinha um papel único na ordem cósmica, e sua adoração transcorria em templos grandiosos, onde rituais meticulosos e oferendas eram realizados em sua honra. Estes templos não eram apenas construções majestosas, mas também representavam pontos de contato tangíveis entre os mortais e as divindades, uma ponte que assegurava a harmonia universal. A interação entre deuses e humanos era percebida como constante e influente, moldando não apenas o destino dos indivíduos, mas também os rumos da sociedade.

O faraó, considerado o governante supremo do Egito, desempenhava um papel essencial nesse sistema de crenças. Ele não era visto apenas como um líder político e militar, mas como o elo vivo entre o mundo terreno e o divino. Sua posição o tornava o mediador responsável por garantir a ordem cósmica — a ma'at — e assegurar a prosperidade do povo. Era comum que os faraós fossem retratados em esculturas e inscrições como figuras semidivinas, representando a união perfeita entre o poder humano e a autoridade dos deuses. A manutenção dessa conexão era vista como crucial para o equilíbrio do mundo.

A crença na vida após a morte era um dos pilares fundamentais da religião egípcia, e a morte, longe de ser vista como um fim definitivo, era encarada como uma transição para um outro plano de existência. Para os antigos egípcios, a alma, após deixar o corpo físico, embarcava em uma jornada desafiadora pelo submundo — o Duat. Nesse caminho, a alma enfrentava obstáculos, julgamentos e criaturas sobrenaturais, sendo tudo parte de um processo que culminava no encontro com Osíris, o deus da vida após a morte, e na pesagem do coração. Este julgamento, realizado pela deusa Maat, media o peso do coração do falecido em comparação com a pena da verdade. Apenas aqueles que demonstrassem pureza de alma alcançariam a vida eterna nos Campos de Junco, o paraíso egípcio.

Preparar-se para essa jornada era uma tarefa de importância suprema, e os rituais funerários tinham um papel central nesse processo. Entre as práticas mais emblemáticas estava a mumificação, um procedimento altamente sofisticado que visava preservar o corpo para a eternidade. Os embalsamadores eram verdadeiros mestres em sua arte. O processo começava com a remoção dos órgãos internos, que eram cuidadosamente tratados e armazenados em vasos canópicos. Em seguida, o corpo era desidratado com natrão, um composto natural de carbonato de sódio, que evitava a decomposição. Após esse estágio, o corpo era envolto em bandagens de linho embebidas em óleos aromáticos e resinas protetoras, resultando em uma preservação extraordinária. Acreditava-se que, ao manter o corpo intacto, a alma teria um "recipiente" ao qual poderia retornar, garantindo sua existência eterna.

Além da mumificação, a construção de tumbas era uma prática igualmente relevante. Estas não eram apenas sepulturas, mas verdadeiras casas para a eternidade, projetadas para abrigar o falecido e protegê-lo das forças do mal. As tumbas mais elaboradas, como as pirâmides e os hipogeus, eram decoradas com pinturas vibrantes e inscrições hieroglíficas que ilustravam cenas da vida cotidiana, oferendas e rituais, bem como feitiços e hinos retirados de textos sagrados. Um desses textos, o famoso "Livro dos Mortos", desempenhava um papel crucial na jornada pós-vida. Ele continha um conjunto de fórmulas mágicas, orações e instruções que serviam para guiar a alma pelo submundo, protegendo-a de perigos e ajudando-a a superar desafios. Esses textos sagrados eram colocados nas tumbas ou escritos diretamente nas paredes, servindo como um mapa para a eternidade.

A profunda interconexão entre a religião e a natureza era outro aspecto marcante da cultura egípcia. O ciclo anual do rio Nilo, com suas cheias que fertilizavam o solo e garantiam a agricultura, era visto como um reflexo dos ciclos divinos de morte e renascimento. Da mesma forma, fenômenos naturais, como o nascer e o pôr do sol ou as fases da lua, eram associados às trajetórias das divindades. Por exemplo, o sol era identificado com Rá, o deus solar, cuja jornada diária pelo céu simbolizava a luta contra as forças do caos e a renovação da vida.

Essa relação com o divino não se restringia às cerimônias realizadas nos templos. Ela permeava o dia a dia dos egípcios de forma intensa e prática. Amuletos, por exemplo, desempenhavam um papel significativo na vida cotidiana. Feitos de materiais como pedra, metal ou faiança, esses objetos pequenos e carregados de simbolismo eram usados para atrair proteção, boa sorte e saúde. Cada amuleto tinha uma forma específica e um significado particular; por exemplo, o olho de Hórus, ou Udjat, era um símbolo de proteção e cura, enquanto o escaravelho representava renascimento e transformação.

Os festivais religiosos também desempenhavam um papel crucial na cultura egípcia, não apenas como ocasiões de veneração, mas também como momentos de celebração comunitária. Durante essas festividades, os egípcios se reuniam para participar de procissões, danças, músicas e banquetes em honra aos deuses. Essas celebrações, muitas vezes sincronizadas com os ciclos naturais, ajudavam a reforçar o sentimento de união entre o povo e os divinos. Um exemplo notável era o Festival de Opet, realizado em Tebas, durante o qual a imagem do deus Amon era transportada do templo de Karnak ao templo de Luxor, simbolizando a renovação do poder do faraó.

A prática da magia também era parte integrante do cotidiano egípcio, desempenhando papéis variados que iam desde a proteção contra doenças até a garantia de boas colheitas. Os sacerdotes, considerados guardiões do conhecimento esotérico, utilizavam encantamentos e rituais para invocar o auxílio divino em questões práticas e espirituais. Esses rituais não se limitavam à elite sacerdotal; os próprios camponeses e artesãos frequentemente recorriam a práticas mágicas em suas rotinas diárias.

A religião egípcia, assim, transcendia as barreiras entre o sagrado e o mundano, entre o espiritual e o material. Ela não apenas moldava a vida dos antigos egípcios, mas também os conectava a um universo divino que era ao mesmo tempo próximo e misterioso. Esse sistema intricado de crenças e práticas ecoava no coração da civilização egípcia, garantindo sua coesão cultural e espiritual por milênios.

A religiosidade egípcia, com sua complexidade e abrangência, revelou-se um elemento essencial na formação da identidade e da continuidade de sua civilização. Mais do que um conjunto de crenças, ela se desdobrava em práticas que integravam a vida social, política e espiritual, assegurando a harmonia do cosmos. Era um sistema de interpretações e significados em constante diálogo com os fenômenos naturais, onde os homens buscavam, através da adoração e dos rituais, manter o equilíbrio entre o humano e o divino, o terreno e o eterno.

Ao considerar a religiosidade egípcia, fica evidente que ela não apenas explicava o mundo, mas também oferecia um guia para a condução da vida em suas diversas dimensões. Cada aspecto, desde as práticas cotidianas até os monumentos mais grandiosos, como as pirâmides, refletia a visão de um universo onde o divino estava sempre presente, influenciando desde as colheitas até o destino das almas no além. Essa conexão profunda tornava o Egito uma civilização extraordinariamente coesa, unida por uma fé que transcendia os séculos e fazia ecoar sua grandiosidade.

Mais do que um reflexo do ambiente que os cercava, a religião egípcia era a síntese de uma cultura que via na ordem divina a chave para a perpetuação de sua existência. Acreditando que seus rituais e devoções asseguravam o ciclo contínuo da vida e da morte, os antigos egípcios criaram um legado que ultrapassou as barreiras do tempo. Assim, ao contemplar suas práticas e monumentos, não apenas vislumbramos uma civilização fascinante, mas também somos convidados a refletir sobre as raízes espirituais que moldaram a história da humanidade.

# Capítulo 2
## Aspectos de Rá

Rá, o deus Sol, era mais do que uma divindade; ele era a personificação do princípio vital que sustentava o universo e a vida no Egito Antigo. Reverenciado como criador e sustentador de tudo o que existia, Rá representava a força motriz por trás do funcionamento ordenado do cosmos, estabelecendo um elo entre o divino e o natural. Sua presença não era meramente simbólica, mas vivenciada de forma concreta pelos egípcios a cada amanhecer, quando o primeiro raio de sol cortava a escuridão da noite, trazendo calor, luz e esperança de continuidade. O ciclo diário do Sol era compreendido como uma demonstração tangível de poder, renovação e imortalidade, atributos que consolidaram Rá como o centro do panteão egípcio.

A luz irradiada por Rá transcendia sua manifestação física, sendo percebida como a força que bania o caos, estabelecia a ordem e garantia a fertilidade das terras banhadas pelo Nilo. Para os egípcios, a energia de Rá sustentava não apenas a vida, mas também a harmonia universal, simbolizada pelo equilíbrio entre luz e trevas, vida e morte, caos e ordem. Ele era tanto a fonte de vitalidade quanto o guia espiritual que orientava a transição cíclica entre os momentos do dia, as estações do ano e, sobretudo, entre os estados de existência. Sua veneração, portanto, não se limitava ao aspecto religioso, mas se infiltrava em todas as camadas da sociedade egípcia, moldando sua visão de mundo e suas instituições.

Ao longo de milênios, Rá foi incorporado em mitos, rituais e representações artísticas que ressaltavam sua complexidade e multiplicidade de formas. Ora visualizado como Khepri, o escaravelho que simbolizava o renascimento ao empurrar o disco solar no horizonte da manhã, ora como Atum, o velho e sábio sol poente, Rá encapsulava o ciclo eterno de criação, declínio e renovação. Essa concepção de transformação constante inspirava não apenas um senso de continuidade, mas também a certeza de que, mesmo diante das trevas ou da morte, a luz triunfaria novamente. Assim, a figura de Rá consolidava-se como um farol de esperança, guiando o povo egípcio em sua busca por sentido, proteção e prosperidade.

Rá era frequentemente representado com a forma de um homem de corpo humano e cabeça de falcão, coroado com o disco solar e adornado pela serpente Uraeus, um símbolo de proteção e realeza que reforçava sua autoridade sobre o cosmos. O disco solar que o coroava não era apenas um ornamento divino, mas a personificação de sua força vital, irradiando luz, calor e vida ao mundo. A serpente, enrolada em torno do disco, era um lembrete de sua soberania e da proteção que oferecia contra o caos. Em outras representações, a complexidade de Rá era ampliada por diferentes formas que ele assumia em momentos distintos: como Khepri, o escaravelho que empurrava o disco solar pela manhã, Rá simbolizava o renascimento; como uma criança no horizonte do nascer do sol, representava o frescor de um novo início; e, ao entardecer, como Atum, o sol poente, refletia sabedoria e o declínio natural que precedia a renovação.

    Um dos mitos centrais associados a Rá é sua jornada diária pelo céu em sua barca solar, um ritual cósmico que sustentava a ordem do universo e que, para os egípcios, era a prova constante do poder divino. A cada amanhecer, Rá surgia no horizonte leste como Khepri, o escaravelho, e começava sua travessia pelo céu, impulsionando o disco solar com determinação. Durante o dia, sua presença no céu era um espetáculo que não apenas iluminava, mas aquecia e fertilizava a terra, enquanto ele era acompanhado por outros deuses e espíritos que garantiam sua proteção e o equilíbrio do cosmos. Ao anoitecer, Rá assumia a forma de Atum e descia no horizonte oeste, iniciando sua perigosa travessia pelo Duat, o submundo, onde enfrentava monstros e forças do caos, incluindo Apófis, a serpente das trevas. Era um combate feroz, mas necessário, e, ao vencer as trevas, Rá renascia triunfante a cada manhã, reafirmando o ciclo eterno de renovação.

    Esse ciclo diário não era apenas uma explicação cosmológica, mas também um poderoso símbolo espiritual para os egípcios. Ao verem o sol nascer novamente a cada dia, os egípcios reforçavam sua crença de que a morte era apenas uma transição e que o renascimento, tanto no plano natural quanto no espiritual, era uma certeza garantida pela ordem divina.

Essa visão alimentava a crença na imortalidade da alma e no renascimento após a morte, oferecendo esperança e consolo em uma cultura profundamente marcada pelo conceito de continuidade.

A influência de Rá ia muito além do aspecto espiritual, penetrando nas estruturas da sociedade e na identidade cultural egípcia. Os faraós, como representantes de Rá na terra, eram vistos como a manifestação viva de sua autoridade e poder. A legitimidade do governo dos faraós estava intrinsecamente ligada à sua capacidade de sustentar a ma'at, a ordem cósmica, assim como Rá sustentava o ciclo solar. As pirâmides, com sua forma imponente que apontava para os céus, simbolizavam tanto a ascensão do faraó ao reino celestial quanto os raios solares que conectavam o mundo terreno ao divino. Essas construções grandiosas, alinhadas astronomicamente, reforçavam a ideia de que o faraó, mesmo após a morte, continuava sua jornada junto a Rá no além.

Os templos dedicados a Rá, como o icônico templo de Heliópolis, eram centros espirituais e políticos de grande importância. Nestes espaços sagrados, os sacerdotes desempenhavam o papel de intermediários entre os deuses e o povo, realizando rituais diários para garantir que o ciclo solar continuasse ininterrupto. As cerimônias incluíam oferendas, purificações e invocações, e a energia ritual desses atos era considerada essencial para manter a harmonia do universo. A arquitetura desses templos refletia a grandiosidade do deus que representavam, com colunas maciças e pátios abertos que deixavam a luz do sol banhar seus interiores, simbolizando a presença constante de Rá.

A adoração a Rá não se limitava aos templos e às elites sacerdotais. Era uma prática que permeava toda a sociedade egípcia, manifestando-se em hinos, orações, oferendas e festivais que celebravam a grandeza do deus Sol e o papel vital que ele desempenhava. Os hinos a Rá eram expressões poéticas que exaltavam sua força criadora, seu domínio sobre o caos e sua bondade em sustentar a vida. Um exemplo comum de tais cânticos era a invocação ao amanhecer, em que sacerdotes e devotos agradeciam pela luz renovada e pediam proteção para o dia vindouro.

As oferendas eram outra prática essencial. Elas variavam de alimentos a flores, incensos e objetos preciosos, todos apresentados como forma de gratidão e devoção. Esses presentes simbolizavam o reconhecimento da dependência do ser humano em relação à energia vital de Rá. Além disso, os festivais religiosos eram ocasiões especiais em que a comunidade se reunia em celebração. Um dos eventos mais significativos era o Festival do Ano Novo, realizado durante a inundação anual do Nilo, quando os egípcios comemoravam a renovação da fertilidade das terras e agradeciam a Rá por sua bênção.

Cada detalhe da adoração a Rá era planejado com a intenção de alinhar a existência humana ao ciclo divino, refletindo a visão holística dos egípcios sobre o cosmos. Até mesmo a arte egípcia era moldada por essa reverência. As representações de Rá nas tumbas, templos e objetos do cotidiano eram cuidadosamente elaboradas para transmitir sua majestade e poder. Esculturas e relevos mostravam-no guiando sua barca solar ou combatendo as forças do caos, reforçando sua imagem como o sustentador da ordem universal.

Assim, Rá, com seu ciclo diário de vida, morte e renascimento, era mais do que uma divindade solar; ele era o coração pulsante da religião egípcia. Seu simbolismo abrangia todos os aspectos da vida, desde o funcionamento do universo até a espiritualidade individual, moldando a arte, a arquitetura, a política e as práticas religiosas de uma civilização que encontrou na luz do sol sua mais profunda conexão com o divino.

Rá, como essência do ciclo cósmico, personificava a ligação inquebrantável entre os egípcios e o universo que os envolvia. Sua jornada diária pelo céu não apenas refletia a renovação constante da vida, mas também a luta eterna contra as forças do caos, reforçando a crença na vitória da ordem e da harmonia. Essa percepção não era apenas contemplativa, mas profundamente prática, guiando os rituais e ações cotidianas de uma sociedade que via no Sol o maior testemunho da estabilidade cósmica e da continuidade da existência.

Mais do que um deus distante, Rá era uma força tangível que influenciava as vidas dos indivíduos em múltiplos níveis, desde a fertilidade das colheitas até a promessa de uma vida após a morte iluminada por sua presença. Ele inspirava uma adoração que transcendia o espaço dos templos e se enraizava no coração de cada egípcio, dos faraós que ostentavam sua autoridade divina até os agricultores que dependiam de sua luz para cultivar a terra. Assim, sua figura consolidava não apenas um sistema de crenças, mas um estilo de vida voltado para a busca da ordem universal.

    O legado de Rá atravessou os milênios, deixando marcas profundas na cultura egípcia e ecoando como um dos pilares espirituais de uma das civilizações mais fascinantes da história. Seu ciclo diário, que simbolizava o eterno retorno e a resiliência diante do caos, ainda nos lembra que, mesmo diante das maiores adversidades, a luz do renascimento sempre pode surgir no horizonte, trazendo consigo a promessa de um novo começo.

# Capítulo 3
# Cultuando Rá

O culto a Rá, o deus Sol, integrava-se de forma absoluta à essência da vida egípcia, simbolizando o elo sagrado entre o humano e o divino. Mais do que uma simples prática religiosa, a veneração a Rá refletia a percepção de que a ordem cósmica e o bem-estar da sociedade dependiam da harmonia com o ciclo solar. Cada ritual, oferenda ou celebração em sua honra representava um ato de preservação da estabilidade universal e uma expressão de gratidão pela energia vital que ele proporcionava. Assim, o culto a Rá transcendia a esfera do sagrado, tornando-se um elemento estruturante da identidade cultural, política e espiritual do Egito Antigo.

Os templos dedicados a Rá, majestosos em sua arquitetura e simbologia, destacavam-se como centros espirituais e administrativos, evidenciando a profunda reverência ao deus Sol. Esses espaços sagrados eram cuidadosamente projetados para refletir sua grandiosidade, incorporando elementos que celebravam sua força e supremacia. A luz solar, considerada a manifestação física de Rá, desempenhava papel essencial nesses locais: as aberturas e corredores eram alinhados de modo a permitir que os raios iluminassem altares e estátuas em momentos específicos, marcando eventos simbólicos e reforçando a conexão entre o divino e o mundo terreno. Nos rituais, o amanhecer era um momento crucial, em que os sacerdotes abriam os santuários para saudar o Sol nascente, renovando, simbolicamente, a promessa de continuidade da ordem cósmica.

Além das cerimônias realizadas nos templos, o culto a Rá se estendia por diversas esferas da vida cotidiana. Oferendas simbólicas, como amuletos representando o disco solar ou o escaravelho, eram amplamente utilizadas como proteção e como forma de canalizar as bênçãos do deus. Esses objetos, carregados de significado espiritual, destacavam a crença no poder transformador de Rá e sua capacidade de influenciar diretamente a prosperidade individual e coletiva. Hinos dedicados ao deus Sol também eram entoados regularmente, não apenas em celebrações religiosas, mas em contextos comuns, como nos campos de cultivo ou em momentos de transição pessoal, reforçando a ideia de que a energia de Rá permeava todos os aspectos da existência.

A orientação das construções em relação ao Sol, como as pirâmides e templos, era uma expressão arquitetônica da veneração a Rá, destacando o compromisso dos egípcios em harmonizar suas obras com as forças cósmicas. Esse alinhamento refletia uma compreensão profunda das energias naturais e da relação simbólica entre o mundo físico e o espiritual, reforçando a crença de que viver em consonância com os princípios divinos era essencial para garantir a continuidade da vida e a estabilidade da sociedade. Dessa forma, o culto a Rá transcendia os templos e festivais, moldando práticas culturais, sociais e até mesmo tecnológicas, e perpetuava sua influência na complexa teia que definia a civilização egípcia.

Os templos dedicados a Rá eram monumentos de impressionante grandiosidade, projetados para encarnar a magnitude e a supremacia do deus Sol. Dentre esses, o mais significativo era o templo de Heliópolis, a "Cidade do Sol", que se destacava como o centro do culto a Rá. Esse complexo não era apenas um local de adoração, mas também um símbolo político e espiritual que reforçava a conexão entre o divino e o reino humano. A arquitetura dos templos era cuidadosamente planejada para maximizar a luz solar, com aberturas e corredores alinhados para permitir que os raios iluminassem os altares e a estátua do deus em momentos específicos do dia. Assim, a luz solar tornava-se um componente essencial dos rituais, uma manifestação tangível da presença de Rá.

Os rituais diários nesses templos seguiam uma rotina meticulosamente estruturada, começando ao amanhecer. Os primeiros raios de sol eram recebidos como um renascimento de Rá e, nesse momento, os sacerdotes abriam as portas do santuário. A luz banhava a imagem do deus, simbolizando sua energia renovada e reafirmando a continuidade da ordem cósmica. Em seguida, realizavam a purificação da estátua sagrada, utilizando água retirada de fontes consideradas santificadas, como o Nilo. Essa água era cuidadosamente armazenada e simbolizava pureza e renovação. Após a lavagem, a estátua era ungida com óleos aromáticos, como incenso líquido e mirra, substâncias que não apenas reverenciavam a divindade, mas também preservavam a sacralidade do ambiente.

Oferendas de alimentos frescos, flores e incensos eram então apresentadas ao deus. Essas oferendas não eram meras representações simbólicas, mas itens cuidadosamente escolhidos para refletir os elementos da criação e a generosidade de Rá. Os alimentos, muitas vezes dispostos em bandejas de ouro ou prata, incluíam pães, frutas e mel, enquanto as flores representavam vitalidade e beleza. Durante esse momento, hinos eram entoados, com letras poéticas que exaltavam Rá como o criador e sustentador de tudo. Ao meio-dia, quando o sol atingia seu auge, ocorria o ritual mais importante do dia. Nesse momento, os sacerdotes recitavam orações especiais e realizavam oferendas adicionais, enfatizando a força e o poder máximos do deus.

Além dos rituais diários, festivais periódicos eram organizados para homenagear Rá, com destaque para o Festival de Opet. Nesse evento, que celebrava a fusão de Rá com Amon, as estátuas de Amon-Rá eram transportadas em procissão fluvial pelo Nilo, conectando simbolicamente as cidades de Karnak e Luxor. A procissão era acompanhada por música, danças e grandes celebrações populares, envolvendo tanto a elite quanto as massas. Esse festival tinha um duplo significado: além de celebrar o ciclo solar e a força vital do faraó, ele também simbolizava a união do Alto e do Baixo Egito, consolidando a ideia de harmonia universal.

A veneração a Rá, no entanto, não se restringia aos templos ou festivais. Amuletos com símbolos associados a ele, como o disco solar e o escaravelho, eram amplamente usados por pessoas de todas as classes sociais. Esses amuletos, esculpidos em materiais como faiança, ouro ou pedra, eram acreditados como portadores do poder do deus, oferecendo proteção contra forças malignas e atraindo boa sorte e vitalidade. O escaravelho, em particular, representava o renascimento e a regeneração, sendo comumente associado ao ciclo diário de Rá.

Os hinos dedicados a Rá também desempenhavam um papel central na vida cotidiana. Eles não eram entoados apenas nos templos, mas também nos campos, durante o plantio e a colheita, reforçando a conexão entre a energia do deus Sol e a fertilidade das terras banhadas pelo Nilo. Esses cânticos, frequentemente compostos em tom de gratidão e louvor, exaltavam Rá como o sustentador da vida e protetor da humanidade. Mesmo em momentos de crise, como períodos de seca ou fome, os egípcios recorriam a Rá em busca de alívio e renovação, confiando em sua capacidade de restaurar o equilíbrio.

A influência de Rá estendia-se também à arquitetura e ao planejamento urbano. Construções como as pirâmides eram cuidadosamente orientadas em relação aos pontos cardeais para captar a luz do sol de forma simbólica. Cada face dessas estruturas refletia o movimento diário do sol, representando a ascensão do faraó ao reino celestial e seu papel como mediador entre o divino e o humano. Esse alinhamento arquitetônico era uma expressão da crença de que a harmonia com as forças naturais e cósmicas era essencial para garantir a prosperidade da nação.

Até mesmo residências comuns eram planejadas com base na posição do sol. As aberturas das casas eram frequentemente orientadas para aproveitar a luz solar ao máximo, enquanto os espaços interiores eram projetados para criar um equilíbrio entre sombra e claridade, refletindo os princípios de ordem e harmonia associados a Rá. A posição do sol influenciava a rotina diária, com atividades agrícolas, como plantio e irrigação, sendo sincronizadas com o movimento solar.

Dessa forma, o culto a Rá transcendeu as fronteiras do religioso, moldando a cultura, a política e a vida cotidiana dos egípcios. Através de rituais elaborados, festivais animados, amuletos e práticas arquitetônicas, os egípcios buscavam alinhar-se ao ciclo solar e à energia vital do deus, garantindo, assim, a continuidade da ordem cósmica e a prosperidade coletiva. O culto a Rá, em sua complexidade e profundidade, não era apenas um sistema de crenças, mas um reflexo da profunda espiritualidade e conexão dos egípcios com o universo que os cercava.

O culto a Rá, enraizado na essência do cosmos e na rotina dos egípcios, transcendeu gerações, impregnando todos os aspectos da vida com sua simbologia solar. Sua veneração não apenas sustentava a fé no divino, mas também era a força motriz que orientava a organização social e o pensamento filosófico da época. Cada ritual, celebração e construção dedicados a Rá serviam como uma reafirmação constante de sua energia vital e de sua presença unificadora, conectando o humano ao sagrado e garantindo a perpetuação da ma'at, o equilíbrio cósmico.

Mesmo nas esferas mais simples do cotidiano, o Sol de Rá era o farol que guiava a existência, alinhando trabalho, rituais e esperança ao seu ciclo eterno. Amuletos, cânticos e práticas agrícolas sincronizadas ao movimento solar eram expressões da crença de que a energia de Rá não apenas iluminava o mundo, mas também oferecia proteção, prosperidade e renovação. A fé na continuidade de sua jornada diária fortalecia a resiliência dos egípcios diante das adversidades, inspirando confiança em um universo governado pela ordem divina.

O legado do culto a Rá, com suas formas elaboradas de celebração e sua profunda integração à vida egípcia, ressoa como um testemunho da criatividade e espiritualidade dessa civilização. Mais do que um deus, Rá era a essência do ciclo de vida, morte e renascimento, refletindo a ligação inseparável entre o cosmos e a humanidade. Sua luz, tanto física quanto simbólica, transcendeu o tempo, deixando como herança uma visão de mundo onde a harmonia universal era mais do que um ideal: era uma promessa cumprida diariamente pelo renascimento do Sol.

# Capítulo 4
# A Deusa Ísis

Ísis, a deusa que personifica a magia, a maternidade e a compaixão, ocupa um papel singular e indispensável na mitologia e na espiritualidade do Egito Antigo. Ela não era apenas uma figura divina, mas também um modelo arquetípico de força, sabedoria e amor incondicional, atributos que a tornaram uma das mais veneradas divindades egípcias. Ísis era reconhecida como a guardiã da vida, a sustentadora da fertilidade e a protetora das famílias, conectando os mundos terreno e espiritual por meio de seus poderes incomparáveis. Sua influência, abrangente e multifacetada, tocava tanto os aspectos mais cotidianos quanto os mais profundos da existência humana.

A imagem de Ísis reflete a complexidade de seu simbolismo e a profundidade de sua conexão com os princípios divinos e cósmicos. Muitas vezes retratada com um trono em sua cabeça, simbolizando sua autoridade como rainha dos deuses, ou adornada com o disco solar entre chifres de vaca, evocando sua associação com Hathor, Ísis é a síntese da força feminina em todas as suas formas. Em representações maternais, segurando Hórus em seus braços, ela encapsula o amor protetor que transcende desafios e perigos, como no mito em que ela, com sua magia, protege seu filho dos ataques de Seth. Suas associações com o gavião, a cobra e o escorpião reforçam sua ligação com a natureza e a transformação, enquanto seus poderes mágicos a consagram como a personificação da sabedoria divina.

Mais do que uma mãe ou esposa dedicada, Ísis se destacou por sua capacidade de alterar o curso dos eventos através de sua magia e engenhosidade. Seu papel no mito de Osíris exemplifica sua tenacidade e habilidade incomparável, ao reunir os pedaços do corpo do marido e devolvê-lo à vida para conceber Hórus, garantindo assim a continuidade da linhagem divina e a restauração da ordem. Essa narrativa não apenas reforça a imagem de Ísis como uma deusa protetora e regeneradora, mas também como uma figura que desafia as forças do caos e se dedica ao bem-estar de sua família e, por extensão, de toda a humanidade. Suas ações não eram meramente atos de devoção, mas demonstrações de força, inteligência e conexão espiritual que inspiravam seus devotos.

O culto a Ísis era profundamente enraizado na vida egípcia e se expandiu para além das fronteiras do Egito, tornando-a uma figura global da antiguidade. Templos grandiosos, como o de Philae, eram dedicados à sua adoração, e seus rituais eram conduzidos com devoção por sacerdotes e devotos. Mulheres, em especial, encontravam em Ísis um modelo a seguir, recorrendo a ela para proteção, fertilidade e força em momentos de dificuldade. A prática de carregar amuletos com sua imagem ou símbolos associados era comum, refletindo a crença de que sua influência mágica podia proteger contra o mal e atrair boa sorte. Sua popularidade transcendeu culturas, fundindo-se a outros panteões e perpetuando sua memória como um ícone de poder e amor divinos.

Ísis, com sua mistura de poder, compaixão e sabedoria, tornou-se mais do que uma deusa egípcia: ela se transformou em um símbolo universal de força feminina, magia e devoção. Suas histórias e sua veneração moldaram a percepção do divino em várias culturas, consolidando seu lugar como uma das figuras mais duradouras e admiradas da história religiosa da humanidade.

Ísis é frequentemente representada como uma figura majestosa, cujos atributos visuais encapsulam sua força, sabedoria e associação com a maternidade e a magia divina. Com um trono estilizado em sua cabeça, ela simboliza sua autoridade como rainha dos deuses, enquanto o disco solar cercado por chifres de vaca, elementos herdados de sua conexão com Hathor, evoca sua relação com o amor, a alegria e a fertilidade. Essa iconografia reforça sua posição como um pilar entre o mundo celestial e o terreno. Em muitas representações, Ísis aparece segurando seu filho, Hórus, nos braços, demonstrando sua dedicação maternal e seu papel como protetora, enfrentando todos os desafios para garantir o destino de seu filho. Além disso, sua associação com o gavião, a cobra e o escorpião expressa a diversidade de seu poder e sua ligação íntima com a natureza e os elementos de transformação.

Porém, a força de Ísis transcende as representações visuais e os papéis de mãe e esposa. Ela é uma personificação da magia em sua forma mais pura e poderosa, utilizando sua inteligência, astúcia e habilidades místicas para transformar situações e proteger aqueles que ama. No mito de Osíris, Ísis desempenha um papel central e heroico. Após Seth, o deus do caos, assassinar e desmembrar Osíris, Ísis empreende uma jornada incansável para encontrar as partes do corpo de seu marido espalhadas pelo Egito. Com paciência e determinação, ela reúne os fragmentos e, por meio de sua magia, devolve temporariamente a vida a Osíris, permitindo a concepção de Hórus. Esse ato não apenas garante a continuidade da linhagem divina, mas também simboliza sua capacidade de restaurar a ordem e a vida em meio ao caos. A narrativa reforça sua imagem como a grande guardiã da vida e da ordem cósmica.

Ísis também é uma figura central na proteção de Hórus contra Seth. Durante sua infância, Hórus estava vulnerável, e Ísis usou sua magia para ocultá-lo e afastar os perigos que ameaçavam sua sobrevivência. Ela não era apenas uma mãe zelosa, mas uma estrategista engenhosa, que empregava feitiços e encantamentos para salvaguardar o futuro de seu filho e, por extensão, o destino do Egito. Essas histórias destacam seu papel como uma força ativa que não apenas responde às ameaças, mas as antecipa e as combate com sabedoria e poder.

Além de sua posição mitológica, Ísis era profundamente venerada como a "Grande Mãe", um símbolo de proteção, fertilidade e cura. Seu papel como protetora do lar e das mulheres a tornava especialmente importante em momentos cruciais, como o parto. Invocada para garantir nascimentos seguros e saudáveis, ela era vista como uma força maternal que cuidava tanto das necessidades físicas quanto espirituais de seus devotos. Suas associações com a cura iam além do âmbito humano, estendendo-se à proteção de animais e à preservação da natureza. Ísis era muitas vezes chamada para aliviar doenças, afastar o mal e trazer equilíbrio às forças da vida.

 O culto a Ísis era uma das práticas religiosas mais difundidas no Egito, com templos dedicados a ela em várias cidades, como Philae e Dendera. Esses templos não eram apenas espaços de adoração, mas também centros de celebração, aprendizado e conexão espiritual. Os rituais realizados em sua honra eram detalhados e profundos, refletindo a reverência de seus sacerdotes e devotos. As cerimônias incluíam oferendas de alimentos, flores e incenso, além de hinos que exaltavam sua sabedoria e compaixão. Mulheres, especialmente, sentiam uma forte conexão com Ísis e a buscavam em momentos de necessidade ou incerteza. Seus templos também serviam como locais de oráculos, onde os sacerdotes canalizavam a sabedoria da deusa para orientar seus seguidores.

 A prática de carregar amuletos com a imagem de Ísis ou símbolos associados a ela era amplamente difundida. Esses talismãs eram usados para atrair boa sorte, fertilidade e proteção contra o mal. Alguns dos símbolos mais comuns associados a Ísis incluíam o Tiet, ou nó de Ísis, que simbolizava sua força regeneradora, e o escaravelho, que representava transformação e renascimento. Esses objetos eram profundamente pessoais, refletindo a crença de que Ísis podia intervir diretamente na vida dos que a invocavam.

O impacto de Ísis ultrapassou as fronteiras do Egito, alcançando outras culturas antigas, como a grega e a romana, onde sua imagem foi assimilada e associada a deusas como Deméter e Afrodite. Durante o período helenístico e romano, seu culto floresceu, com templos dedicados a ela sendo erguidos em lugares tão distantes quanto a Grécia, Roma e até mesmo a Britânia. Sua popularidade deveu-se em parte à universalidade de seus atributos: como uma deusa que incorporava amor, proteção, cura e magia, Ísis tornou-se um símbolo global de força feminina e compaixão divina.

Um dos aspectos mais notáveis do culto a Ísis era sua ênfase na esperança e na renovação. Suas histórias de perseverança e triunfo contra as forças do caos inspiravam os devotos a buscar força em momentos de adversidade. Ela não era apenas uma divindade distante, mas uma figura profundamente acessível, que oferecia conforto e orientação àqueles que recorriam a ela.

Assim, Ísis representava um arquétipo feminino poderoso e multifacetado, que transcendeu seu papel de deusa egípcia para se tornar um símbolo universal. Sua magia, compaixão e determinação moldaram não apenas a mitologia do Egito, mas também influenciaram culturas ao redor do mundo. Ísis continua sendo um emblema atemporal de força feminina, amor incondicional e conexão divina, perpetuando sua influência ao longo dos séculos.

Ísis, em sua essência, é a síntese de valores universais que ecoam na história da humanidade. Sua imagem como protetora, curadora e mãe transcendeu o tempo e as fronteiras, carregando consigo uma mensagem de resistência e renovação. Seja ao reunir os fragmentos de Osíris ou ao proteger Hórus, Ísis demonstrava que o amor, a magia e a sabedoria são forças capazes de superar até mesmo os maiores desafios, garantindo a perpetuação da ordem e da vida em meio ao caos.

Sua veneração, amplamente difundida e integrada às culturas que a adotaram, evidencia a profundidade de sua influência. Ísis não apenas conectava seus devotos ao divino, mas também inspirava uma relação íntima com a natureza e com o ciclo da vida. Seus templos, amuletos e rituais não eram meramente formas de culto, mas expressões de uma espiritualidade que colocava o humano em sintonia com o cosmos, simbolizando proteção, esperança e transformação.

O legado de Ísis, tanto no Egito quanto além de suas fronteiras, reflete seu impacto imensurável como uma figura divina que transcende mitologias. Representando o equilíbrio entre poder e compaixão, ela permanece uma lembrança viva da força do feminino e da capacidade de transformar adversidades em caminhos para a renovação. Ísis é, e continuará sendo, uma eterna guardiã da vida e da esperança.

# Capítulo 5
# Mitos de Ísis

Os mitos que envolvem Ísis, marcados por profundidade emocional e significado simbólico, retratam uma deusa cuja essência combina amor, sabedoria e poder transformador. Suas histórias atravessam temas como resiliência diante da adversidade, o triunfo do bem sobre o mal e a busca incansável pela preservação da ordem e da vida. Ísis não é apenas uma figura divina distante, mas uma entidade que enfrenta desafios universais, ressoando como um arquétipo de força e compaixão. Seus mitos revelam uma narrativa rica, em que a deusa desempenha papéis fundamentais na restauração da harmonia e na proteção daqueles que dependem de sua presença.

Entre os mitos mais emblemáticos está sua saga com Osíris, que personifica a luta contra o caos e a promessa de renovação. Após o assassinato brutal de Osíris por Seth, Ísis, movida por um amor inquebrantável, embarca em uma jornada por todo o Egito para recuperar os fragmentos do corpo do marido. Esse ato não é apenas de devoção, mas também uma demonstração de sua profunda conexão com a magia e o conhecimento sagrado, pois é através de seu poder que Osíris é ressuscitado temporariamente, permitindo a concepção de Hórus. A história de Ísis com Osíris transcende o simples mito, simbolizando a vitória da ordem sobre o caos, a força do amor eterno e a possibilidade de regeneração, mesmo diante das forças destrutivas.

Outro aspecto crucial de Ísis é revelado em sua proteção e criação de Hórus, narrativas que destacam sua coragem e habilidade mágica. Refugiando-se nos pântanos do Delta do Nilo, Ísis dedica-se a esconder e proteger seu filho das ameaças incessantes de Seth. Durante esse período, a deusa se envolve em atos heroicos e demonstra sua conexão inata com a natureza e os animais, utilizando-os como aliados em sua causa. Essa fase de sua história exemplifica o amor materno em sua forma mais pura, além de destacar a tenacidade e inteligência de Ísis ao garantir que Hórus crescesse forte o suficiente para enfrentar Seth e reivindicar seu direito ao trono. O mito do triunfo de Hórus, sustentado pela proteção de Ísis, representa a luta pela justiça e a retribuição contra a desordem.

Ísis também brilha como uma deusa de cura, proteção e acessibilidade, características que reforçam seu papel como guardiã tanto dos deuses quanto dos mortais. Em um mito notável, ela demonstra sua habilidade ao curar Rá de uma picada venenosa, provando seu domínio sobre a magia e a capacidade de intervir até mesmo no plano das divindades supremas. Além disso, suas interações com pessoas comuns, como protegê-las de perigos naturais ou oferecer consolo em momentos de necessidade, consolidam sua reputação como uma deusa compassiva e próxima de seus devotos.

Essa acessibilidade faz de Ísis uma figura divina que transcende os limites do extraordinário, estabelecendo uma conexão íntima com aqueles que a reverenciam.

Os mitos de Ísis ressoam através do tempo como narrativas universais de amor, sacrifício e redenção, conferindo à deusa uma posição única e profundamente simbólica na mitologia egípcia. Suas histórias capturam não apenas o poder da magia, mas também a essência do que significa lutar pelo que é justo e proteger aqueles que precisam. Ísis permanece, até hoje, como um ícone de força feminina e espiritualidade, lembrando-nos da importância de enfrentar desafios com coragem, de preservar a harmonia e de nutrir o amor incondicional.

Os mitos de Ísis são uma rica tapeçaria de narrativas que destacam seu amor inabalável, sua sabedoria extraordinária e seu poder transformador. Cada uma dessas histórias carrega simbolismos profundos, que transcendem o âmbito mitológico para abordar temas universais, como a luta contra o caos, o triunfo do bem e a força do amor e da resiliência. Ísis, mais do que uma deusa, emerge como uma figura profundamente humana em sua devoção, coragem e compaixão, tornando-se um modelo de força e esperança para os egípcios e para culturas posteriores.

O mito mais icônico de Ísis é sua saga com Osíris, marcada por tragédia, perseverança e redenção. Seth, o deus da desordem, movido pela inveja e ambição, assassinou brutalmente Osíris e espalhou seu corpo em pedaços por todo o Egito. Devastada, Ísis embarcou em uma jornada épica para recuperar cada fragmento do corpo de seu marido. Essa busca, com o auxílio de sua irmã Néftis, não era apenas um ato de amor, mas também uma demonstração de sua conexão com os mistérios sagrados e a magia divina. Com paciência e determinação, Ísis reuniu os pedaços e utilizou seus conhecimentos místicos para restaurar Osíris à vida temporariamente. Esse momento de ressurreição não apenas simboliza a vitória sobre a morte, mas também resulta na concepção de Hórus, o filho destinado a vingar o pai e restaurar a ordem no Egito. O mito reflete a capacidade de Ísis de superar o sofrimento e reverter o caos, reafirmando os valores de lealdade, amor eterno e regeneração.

Outro aspecto central nos mitos de Ísis é sua dedicação ao papel de mãe e protetora de Hórus. Após a ressurreição de Osíris, Ísis refugiou-se nos pântanos do Delta do Nilo para esconder seu filho recém-nascido de Seth, que ainda representava uma ameaça. Nessa fase, Ísis demonstrou sua engenhosidade e coragem, criando Hórus em segredo enquanto enfrentava os perigos constantes que rondavam sua pequena família. Sua habilidade de convocar a ajuda de animais e utilizar sua magia para repelir ameaças sublinha sua conexão com a natureza e sua capacidade de mobilizar forças ao seu favor. Hórus, sob os cuidados amorosos e protetores de sua mãe, cresceu e se tornou um guerreiro poderoso. Eventualmente, ele enfrentou Seth em uma batalha épica que culminou em sua vitória e ascensão ao trono do Egito. Essa narrativa não apenas destaca o amor materno incondicional, mas também reflete a luta pela justiça, a superação da adversidade e o triunfo do bem sobre o mal.

Ísis também se destaca como uma deusa de cura e proteção, atributos que fortalecem sua conexão com os deuses e com os mortais. Em um mito particularmente notável, Ísis cura Rá, o deus Sol, de uma picada venenosa de escorpião. Para salvar Rá, ela usa sua magia e sua saliva divina, demonstrando sua habilidade de dominar até mesmo as forças mais destrutivas. Esse episódio reforça sua posição como uma figura de autoridade entre as divindades, capaz de intervir em momentos de necessidade crítica. Em outra história, Ísis protege um jovem de um ataque de crocodilo, usando sua influência sobre os animais para salvar vidas e reafirmar sua compaixão pelos vulneráveis. Esses mitos destacam sua habilidade de equilibrar força e empatia, tornando-a uma guardiã tanto do mundo divino quanto do terreno.

O caráter acessível de Ísis também é uma constante em suas histórias. Diferente de muitas outras divindades, que podiam ser vistas como distantes e inatingíveis, Ísis era conhecida por sua proximidade com os mortais. Seus mitos frequentemente a retratam interagindo com pessoas comuns, ouvindo suas preces e oferecendo ajuda em momentos de dificuldade. Essa conexão íntima com seus devotos foi um dos motivos de sua popularidade duradoura. Ísis era invocada em situações cotidianas, como partos, enfermidades e crises familiares, consolidando sua reputação como uma deusa compassiva e acessível.

A popularidade de Ísis não se restringiu ao Egito. Suas histórias e seu culto transcenderam fronteiras, sendo incorporados a outras culturas do Mediterrâneo e além. Na Grécia e em Roma, Ísis foi associada a figuras como Deméter e Afrodite, e seu culto se expandiu por todo o mundo antigo. Seu papel como curadora, protetora e portadora de amor incondicional ressoava com pessoas de diferentes origens, tornando-a uma figura universal de poder feminino e espiritualidade.

Esses mitos, ricos em simbolismo, oferecem lições que vão além do contexto histórico e cultural do Egito Antigo. Eles falam de amor inabalável, coragem diante da adversidade e a capacidade de transformar o caos em ordem. Ísis não era apenas uma deusa para os antigos egípcios; ela era uma fonte de inspiração, uma manifestação do poder e da resiliência do espírito humano. Sua jornada épica, marcada por desafios e triunfos, ecoa como uma narrativa atemporal, que continua a fascinar e inspirar até os dias de hoje.

Os mitos de Ísis capturam a essência de uma divindade profundamente humana em suas emoções, mas incrivelmente divina em sua capacidade de moldar o destino. Ao buscar e restaurar Osíris, proteger Hórus e curar até mesmo o deus Rá, Ísis demonstra que amor, magia e sabedoria são as ferramentas mais poderosas contra as forças do caos. Cada narrativa reforça a imagem de uma deusa que não apenas defende os princípios de ordem e justiça, mas também os vivencia intensamente, oferecendo um modelo de força resiliente para todos os que a invocam.

A universalidade de Ísis transcende o tempo e as fronteiras, carregando mensagens que dialogam com o presente. Sua busca pela restauração de Osíris é um símbolo de perseverança em tempos de perda; sua criação de Hórus, uma lição de amor protetor em meio às adversidades; e sua habilidade de curar, uma celebração do poder transformador da compaixão. Ísis não é apenas a figura divina que equilibra o cosmos, mas também uma presença que guia, protege e inspira em todos os momentos de fragilidade ou dúvida.

Assim, os mitos de Ísis são muito mais do que histórias antigas; são reflexos de uma espiritualidade que conecta o humano ao divino de maneira íntima e transformadora. Ísis, em sua complexidade e profundidade, continua sendo um arquétipo de esperança e determinação, uma lembrança perene de que mesmo nas circunstâncias mais difíceis, há força para criar, curar e renovar.

# Capítulo 6
# Devoção a Ísis

A figura de Ísis ocupava uma posição central na espiritualidade egípcia, simbolizando a harmonia entre a força divina e as necessidades humanas. Representada como a encarnação da fertilidade, maternidade, magia e cura, Ísis se destacava como uma deusa que transcendia barreiras sociais e culturais, tocando a vida de pessoas de todas as origens. Sua devoção não era apenas uma prática religiosa, mas uma forma de estabelecer uma ligação direta com o sagrado, assegurando proteção, bem-estar e equilíbrio nas esferas física e espiritual. A abrangência de sua influência era testemunhada na maneira como permeava os aspectos mais íntimos e coletivos da vida egípcia, solidificando-se como uma guia protetora e compassiva.

A relação entre Ísis e seu povo ia além da veneração, configurando-se como uma conexão de confiança e dependência. Mulheres grávidas buscavam nela segurança para o parto, enquanto famílias recorriam à sua benevolência para proteção contra adversidades. Os templos dedicados à deusa, como o de Philae, eram santuários onde a busca pelo sagrado se misturava à esperança de transformação pessoal e coletiva. As cerimônias ali realizadas, conduzidas por sacerdotes e sacerdotisas, refletiam um profundo compromisso com a preservação de seus ensinamentos, e os cantos, orações e oferendas criavam um elo entre o humano e o divino. Esse ambiente de intensa espiritualidade reforçava a ideia de que Ísis não apenas regia os ciclos da vida, mas era uma força ativa no cotidiano de seus devotos.

O legado de Ísis também se manifestava na rica simbologia que a cercava. Objetos como o nó de Ísis, o sistro e amuletos com sua imagem eram elementos tangíveis de sua presença, conferindo proteção e bênçãos a quem os carregava. Além disso, Ísis era reverenciada como uma mestra em magia, detentora de conhecimentos místicos transmitidos de geração em geração. Seus mistérios e rituais secretos ofereciam a seus seguidores uma experiência espiritual única, elevando-os a uma compreensão mais profunda de sua essência divina. Assim, a devoção a Ísis não apenas atravessou séculos como se expandiu além das fronteiras do Egito, consolidando sua imagem como um símbolo universal de força, amor maternal e renovação.

Os templos dedicados a Ísis, como o de Philae, destacavam-se como autênticos epicentros de fé, atraindo uma diversidade de pessoas de todas as partes do Egito e além, cada uma em busca de cura, proteção ou orientação espiritual. Esses locais sagrados não eram apenas espaços físicos, mas sim portais para o divino, onde o sagrado se manifestava de forma tangível. Os sacerdotes e sacerdotisas, que serviam a deusa com devoção inabalável, desempenhavam rituais intricados que envolviam orações, cânticos e oferendas cuidadosamente preparadas. Cada ritual era carregado de simbolismo e reverência, criando uma atmosfera vibrante e envolvente que fortalecia a ligação entre os devotos e a deusa.

As paredes dos templos, ricamente adornadas com relevos e pinturas, narravam os mitos e a iconografia de Ísis, retratando cenas que capturavam sua majestade e poder. Essas imagens não eram meramente decorativas; funcionavam como veículos para transmitir os ensinamentos da deusa, reforçando sua presença no coração e na mente de seus seguidores. Entrar em um desses templos significava adentrar um mundo onde cada detalhe convidava à introspecção e à entrega espiritual, promovendo uma conexão profunda com o divino.

Para as mulheres, a relação com Ísis era particularmente íntima e especial. Ísis era vista como uma protetora durante os momentos mais vulneráveis da vida, como a gravidez e o parto. Invocar sua presença era um ato de esperança e confiança, uma forma de assegurar proteção e saúde para si e para os filhos que estavam por nascer. Amuletos retratando Ísis amamentando Hórus tornaram-se símbolos profundamente arraigados dessa devoção. Esses pequenos objetos eram mais do que adornos; carregavam o peso de uma crença milenar na capacidade da deusa de cuidar, proteger e assegurar a prosperidade de seus filhos. Não era incomum que mães pendurassem esses amuletos perto de seus leitos ou os utilizassem como colares, acreditando que Ísis sempre velaria por seus lares.

Além dos momentos marcantes como o nascimento, a devoção a Ísis também era tecida no tecido do cotidiano. Desde o amanhecer, orações eram recitadas para que a deusa iluminasse o dia e guiasse as ações de seus fiéis. Ao longo do dia, invocavam-na para questões tão diversas quanto proteção contra males, garantia de fertilidade e prosperidade material. Os amuletos associados à deusa, como o nó de Ísis, conhecido como *tiet*, eram amplamente utilizados por homens e mulheres, cada um carregando a crença de que esse símbolo era uma barreira contra as forças negativas e um canal para atrair bênçãos e boa sorte.

O sistro, um instrumento musical sagrado, ocupava um papel central nos rituais de Ísis, sendo reconhecido por sua capacidade de purificar, acalmar e repelir energias negativas. Seu som ritmado ecoava nos templos e nas procissões religiosas, criando uma ligação entre os participantes e a energia transformadora da deusa. Nas casas, muitas mulheres o utilizavam em cerimônias domésticas, assegurando que o lar permanecesse abençoado e protegido sob o olhar vigilante de Ísis. O sistro não era apenas um instrumento musical, mas um canal vibrante de conexão espiritual.

Um aspecto inigualável da devoção a Ísis era a forte associação da deusa com a magia. Ísis era reverenciada como uma verdadeira mestra dos conhecimentos ocultos, e suas habilidades mágicas eram vistas como ferramentas poderosas para transformar o destino. Feitiços e rituais inspirados por seus ensinamentos eram utilizados para fins que iam desde a cura de doenças até a proteção contra inimigos e desastres naturais. Esses conhecimentos místicos, transmitidos tanto por textos sagrados quanto pela tradição oral, transformavam-se em instrumentos de empoderamento e esperança para seus devotos. A crença no poder de Ísis era tamanha que muitos acreditavam que, ao invocá-la, poderiam realizar milagres em suas próprias vidas.

Entre os rituais mais profundos associados a Ísis estavam os chamados "Mistérios de Ísis". Essas cerimônias envolviam a reencenação do mito da busca de Ísis por Osíris e sua subsequente ressurreição. Mais do que celebrações religiosas, os Mistérios eram experiências transformadoras, conduzindo os participantes a um estado de comunhão profunda com a deusa e seus valores. O processo envolvia purificações, encenações simbólicas e iniciações, que proporcionavam aos participantes uma compreensão mais rica dos segredos da vida, da morte e da renovação. Era uma oportunidade de renascimento espiritual, de entrar em sintonia com os ensinamentos mais elevados de Ísis e de se alinhar com sua energia de compaixão, força e esperança.

A devoção a Ísis, portanto, era uma força viva e dinâmica que transcendia os limites do tempo e do espaço. Sua presença ia além dos templos e das cerimônias, encontrando eco nas práticas diárias e nas crenças mais íntimas de seus devotos. A cada oração sussurrada, a cada amuleto segurado com fé e a cada som do sistro ressoando nos ares, Ísis era honrada como a guardiã suprema, a mãe divina que nutria, protegia e inspirava seus filhos. Por meio de sua devoção, as pessoas não apenas buscavam bênçãos, mas também encontravam um reflexo de si mesmas em sua força e resiliência, consolidando Ísis como uma deusa cujo legado continua a inspirar até os dias de hoje.

A conexão entre Ísis e seus devotos era sustentada por uma fé que se renovava continuamente, mesmo diante das adversidades do tempo. Cada gesto de veneração, desde os cânticos nos templos até as simples orações feitas em silêncio, reforçava o vínculo espiritual que transcendeu séculos. Ísis não era apenas uma figura mitológica, mas uma presença viva, uma força que moldava o cotidiano de seus seguidores, oferecendo-lhes um norte em tempos de incerteza. Seu culto era tanto uma celebração da vida quanto uma aceitação reverente de seus ciclos inevitáveis, permitindo aos fiéis encontrar propósito mesmo nas transformações mais difíceis.

Por meio de seus rituais e símbolos, Ísis unificava as pessoas em torno de valores universais como amor, cuidado e renascimento. Através dela, os devotos eram convidados a reconhecer a sacralidade do mundo ao seu redor, bem como a própria divindade que carregavam dentro de si. Em sua imagem de mãe e curadora, Ísis representava o equilíbrio entre o divino e o humano, demonstrando que a busca por harmonia era tanto um esforço pessoal quanto uma conexão coletiva. Esse entendimento ressoava profundamente, consolidando sua influência mesmo em regiões e culturas distantes do Egito.

Ísis permanece como um exemplo atemporal de poder feminino e espiritualidade universal. Suas histórias e práticas continuam a ecoar, atravessando gerações, não apenas como um testemunho de sua relevância histórica, mas como um farol de inspiração para aqueles que buscam força, compaixão e renovação em suas jornadas. Seja nas inscrições dos antigos templos ou nos corações de seus seguidores modernos, o nome de Ísis segue vivo, carregando consigo a promessa de cura, proteção e uma eterna ligação entre o humano e o divino.

# Capítulo 7
# Osíris, o Rei

Osíris é uma figura emblemática que sintetiza os valores mais profundos da civilização egípcia, unindo o poder da fertilidade à transcendência espiritual. Como deus da vegetação e do renascimento, ele incorpora o ciclo perpétuo da natureza, onde a morte não é um fim definitivo, mas um prelúdio necessário para a renovação e a continuidade da vida. Sua presença é tanto terrena quanto celestial, refletindo a harmonia entre o mundo material e o espiritual. Representado como um governante sábio e benevolente, Osíris transcende o papel de uma divindade comum e assume a posição de guardião das leis universais, responsável por sustentar a ordem cósmica e garantir o equilíbrio entre a vida e a morte. Ele não apenas rege o submundo como o Duat, mas também guia as almas em sua jornada para a eternidade, simbolizando a possibilidade de redenção e imortalidade.

O mito de Osíris não é apenas uma narrativa de traição e superação, mas uma poderosa metáfora da resiliência e do poder transformador da vida. Sua morte nas mãos de Seth, motivada pela inveja e pelo caos, reflete os desafios e os desequilíbrios inerentes à existência humana, enquanto sua ressurreição por meio da devoção de Ísis destaca o papel central do amor e da magia na restauração da harmonia. A busca incansável de Ísis pelos pedaços do corpo de Osíris, dispersos pelo Egito, representa não apenas a força da união familiar, mas também a persistência da vida em reconstituir aquilo que foi perdido. Esse ciclo de destruição e renascimento ecoa no ciclo anual do Nilo e na fertilidade da terra, que dependem da renovação para florescer.

Ao transcender o mundo dos vivos e tornar-se rei do submundo, Osíris demonstra que a morte não é uma barreira, mas um portal para um estado de existência mais elevado. Sua função como juiz das almas reflete a crença egípcia em Ma'at, o princípio da verdade e da justiça que governa o universo. As almas que passavam por seu julgamento eram avaliadas com base na pureza de suas ações, ressaltando a importância de uma vida pautada pela retidão e pelo respeito à ordem divina. Essa crença reforçava a ideia de que a mortalidade era apenas uma etapa na jornada cósmica, onde a vida e a morte coexistem em um ciclo perpétuo de renovação.

A figura de Osíris, portanto, não é apenas uma divindade da mitologia egípcia, mas um símbolo de esperança, justiça e renovação. Sua história é um lembrete de que a adversidade pode ser superada, que o caos pode ser reorganizado e que, mesmo diante da morte, existe a promessa de um novo começo. A veneração a Osíris, expressa nos rituais e festivais que celebravam sua vida, morte e ressurreição, não era apenas uma prática religiosa, mas uma expressão coletiva da fé na continuidade e no potencial transformador da existência. Assim, Osíris permanece como um arquétipo atemporal, capaz de inspirar gerações com a certeza de que, em cada fim, há um novo início aguardando para emergir.

Osíris é frequentemente retratado como uma figura imponente e simbólica, um homem mumificado com a pele em tons de verde ou negro, cores que encapsulam seu papel como deus da fertilidade e do renascimento. O verde evoca a vida que brota da terra, enquanto o negro remete ao solo fértil do Nilo, revitalizado anualmente pelas cheias. Sua cabeça é adornada pela coroa Atef, composta por duas plumas de avestruz que simbolizam o equilíbrio e a ordem, atributos que definem seu reinado. Nas mãos, ele segura o cetro e o flagelo, insígnias de poder e autoridade real que reafirmam sua posição como soberano não apenas do Egito, mas também do submundo. Em algumas representações, Osíris é visto emergindo de um sarcófago, um símbolo poderoso de sua relação intrínseca com a morte e a ressurreição.

Segundo os mitos, Osíris foi um rei sábio e justo, cujo reinado transformou a civilização egípcia. Ele trouxe ao povo os fundamentos da agricultura, ensinando-lhes a cultivar a terra e a garantir sua subsistência. Mais do que isso, estabeleceu as bases da sociedade organizada, com leis que asseguravam a harmonia e o respeito mútuo, e incentivou a veneração aos deuses, conectando o povo à dimensão espiritual. Seu governo foi uma era de prosperidade e ordem, marcada pela convivência pacífica entre os homens e pela conexão harmoniosa com as forças da natureza.

Porém, essa era de ouro foi abruptamente interrompida pela traição de seu irmão, Seth, o deus da desordem e da inveja.

Seth, motivado por ciúme e ambição, tramou um plano sombrio para usurpar o poder de Osíris. Ele preparou um sarcófago de proporções exatas para aprisionar seu irmão, organizando um banquete como pretexto para atrair Osíris. Durante a festa, Seth propôs um desafio: aquele cujo corpo coubesse perfeitamente no sarcófago o teria como presente. Ingenuamente, Osíris deitou-se no caixão, momento em que Seth e seus cúmplices o trancaram e selaram, atirando-o ao rio Nilo. Esse ato não foi apenas uma traição política, mas uma tentativa de mergulhar o mundo no caos, eliminando o símbolo da ordem e da prosperidade.

O amor e a devoção de Ísis, esposa de Osíris, foram determinantes para a continuidade de sua história. Inconformada com a perda do marido, Ísis partiu em uma busca incansável pelo sarcófago, vasculhando o Egito com a ajuda de sua irmã Néftis. Finalmente, ela encontrou o corpo de Osíris e, utilizando seus dons mágicos, conseguiu trazê-lo de volta à vida. Porém, a vitória de Ísis foi temporária. Seth, ao descobrir o retorno de Osíris, desmembrou seu corpo em quatorze pedaços e os espalhou pelos quatro cantos do Egito, na tentativa de impedir sua ressurreição definitiva.

A determinação de Ísis novamente se destacou. Ela reuniu os pedaços do corpo de Osíris, auxiliada por Néftis e por Anúbis, o deus dos mortos. Durante esse processo, Ísis demonstrou não apenas sua força, mas também seu profundo conhecimento mágico. Cada pedaço encontrado foi tratado com reverência, e o corpo de Osíris foi reconstituído com cuidado, faltando apenas o órgão reprodutor, que, segundo o mito, havia sido devorado por peixes do Nilo. Apesar dessa ausência, Ísis utilizou sua magia para conceber Hórus, filho e herdeiro de Osíris, que mais tarde vingaria o pai ao derrotar Seth. Após sua segunda ressurreição, Osíris não retornou ao mundo dos vivos, mas assumiu seu lugar como rei do submundo, o Duat, onde passou a julgar as almas e assegurar a ordem e a justiça no além.

O mito de Osíris é uma narrativa que encapsula a dualidade da existência: vida e morte, perda e renascimento, caos e ordem. A morte de Osíris simboliza a fragilidade da vida e a dor da separação, enquanto sua ressurreição e ascensão ao submundo representam a esperança de renovação e a promessa da imortalidade. Esse ciclo é refletido no próprio Nilo, cuja cheia anual traz fertilidade à terra, garantindo a continuidade da vida no Egito. Osíris, como deus da vegetação, é o elo entre a natureza e o divino, representando o ciclo interminável de destruição e criação.

O culto a Osíris era uma das práticas religiosas mais difundidas no Egito antigo, com templos dedicados a ele em várias cidades. Entre os mais notáveis estavam os rituais conhecidos como os "Mistérios de Osíris", celebrações secretas que dramatizavam sua morte e ressurreição. Esses rituais não apenas homenageavam o deus, mas também ofereciam aos participantes uma oportunidade de experimentar a espiritualidade de forma profunda e transformadora. Através das encenações, purificações e iniciações, os devotos eram conduzidos a uma compreensão mais elevada do ciclo da vida e da morte, renovando sua fé na ordem cósmica e na justiça divina.

Osíris também era reverenciado por meio de amuletos que carregavam seus símbolos, como o cetro e o flagelo, instrumentos que evocavam sua autoridade e poder. Esses objetos eram frequentemente utilizados para invocar proteção e fertilidade, além de servir como lembretes da conexão inquebrantável entre o mundo terreno e o espiritual. A figura de Osíris, com sua história repleta de simbolismo e emoção, tornou-se um arquétipo de esperança e superação, demonstrando que mesmo diante da adversidade, a renovação e a justiça são possíveis.

A veneração a Osíris transcendeu gerações, consolidando-o como um dos pilares da religião egípcia. Sua história é uma metáfora poderosa da crença na continuidade da vida, na possibilidade de redenção e na força do amor e da união. Como rei justo do submundo e símbolo do renascimento, Osíris permanece como uma figura atemporal, inspirando a humanidade a acreditar na transformação e na promessa de um novo começo, mesmo diante das mais difíceis provações.

Osíris, como guardião do equilíbrio e símbolo de renascimento, encarna os ciclos eternos que governam a existência. Sua narrativa, tecida entre o amor devoto de Ísis e a traição de Seth, nos lembra da dualidade inerente à vida: ordem e caos, luz e escuridão. Ao se tornar o soberano do Duat, ele não apenas encontrou seu propósito além da morte, mas também redefiniu o significado de liderança, demonstrando que o verdadeiro poder reside na sabedoria e na capacidade de restaurar o que foi perdido. Seu reinado no submundo não é de tirania, mas de justiça, guiando as almas com imparcialidade e estabelecendo uma conexão íntima entre os vivos e os mortos.

A presença de Osíris nos festivais e rituais, bem como em símbolos que o representavam, era um lembrete constante da força renovadora que ele personificava. Seja através das encenações de seus mistérios ou da simples contemplação de sua iconografia, os devotos encontravam nele não apenas um deus distante, mas uma figura próxima, que refletia suas esperanças e medos. Osíris representava a promessa de que, mesmo nos momentos de maior escuridão, havia a possibilidade de renascer e prosperar. Sua imagem, pintada em tons de verde e negro, era um reflexo da própria terra egípcia, cujas cheias do Nilo garantiam a fertilidade e o sustento de seu povo.

Assim, o mito de Osíris transcende o Egito antigo, tornando-se uma lição universal sobre resiliência, renovação e o poder transformador do amor. Sua história ecoa como uma mensagem de que o fim não é definitivo, mas o início de uma nova jornada. O ciclo eterno que ele representa não está apenas na natureza, mas também na alma humana, que busca constantemente superar seus limites e encontrar sentido na existência. No reinado de Osíris, encontramos a inspiração para abraçar a mudança, honrar o passado e avançar com a certeza de que sempre haverá um novo começo à espera.

# Capítulo 8
# Mito de Osíris

O mito de Osíris é uma poderosa alegoria que encapsula os valores fundamentais da civilização egípcia, abordando os mistérios da vida, da morte e da renovação. Esta narrativa transcende o simples relato mitológico e apresenta uma visão profundamente simbólica da existência humana, onde cada acontecimento reflete o equilíbrio delicado entre a ordem e o caos. Osíris, como figura central, é muito mais do que um deus; ele é a personificação da justiça, do renascimento e da esperança na continuidade. Seu destino trágico e glorioso reflete a essência cíclica da vida, representando a luta eterna para preservar a harmonia em um mundo marcado pela instabilidade.

Como rei justo e benevolente, Osíris trouxe ao Egito os ensinamentos que transformaram uma sociedade primitiva em uma civilização próspera e ordenada. Ele não apenas introduziu práticas agrícolas que garantiram a sobrevivência do povo, mas também estabeleceu leis que reforçavam o respeito à ordem divina. Sua união com Ísis simbolizava o equilíbrio perfeito entre as forças masculinas e femininas, essenciais para a criação e sustentação do cosmos. No entanto, sua bondade e sucesso despertaram a inveja de

Seth, cujo desejo de poder e destruição refletia as forças desestabilizadoras que constantemente ameaçam a ordem. Esse antagonismo entre Osíris e Seth não é apenas uma disputa familiar, mas uma metáfora do conflito entre a criação e a destruição, entre o florescimento e o declínio.

A jornada de Ísis para reunir os pedaços de Osíris ilustra a força do amor, da lealdade e da determinação. Seu papel ativo na reconstrução do corpo do marido simboliza o poder da vida sobre a morte e o papel essencial da magia e da fé na superação das adversidades. A criação da primeira múmia não apenas marca a origem de práticas funerárias que garantiam a preservação e o renascimento, mas também reforça a crença na possibilidade de continuidade além da morte. A ressurreição de Osíris, ainda que parcial, é um testemunho de que mesmo diante da destruição, a vida sempre encontra uma maneira de se reerguer e persistir, mesmo em outra forma ou plano de existência.

Osíris, como rei do submundo, transcende sua existência terrena para assumir um papel eterno e universal. Ele se torna o guardião das almas, garantindo que a justiça prevaleça no julgamento do pós-vida. Este aspecto de sua história reflete a crença egípcia em uma ordem cósmica regida por Ma'at, onde as ações humanas são cuidadosamente pesadas e avaliadas. Assim, o mito de Osíris oferece não apenas uma explicação para os ciclos naturais e a morte, mas também uma estrutura moral que incentiva a retidão e o equilíbrio em vida. Sua história é, acima de tudo, um lembrete da capacidade humana de superar as adversidades, encontrar propósito em meio ao caos e acreditar na possibilidade de um renascimento contínuo.

Osíris, filho de Geb, o deus da terra, e Nut, a deusa do céu, ascendeu ao trono do Egito como um governante sábio e justo, cuja liderança transformou uma terra ainda mergulhada no caos em uma civilização próspera e harmoniosa. Sob sua orientação, o povo aprendeu os segredos da agricultura, essencial para a sobrevivência em uma região tão dependente das cheias do Nilo. Ele ensinou a semear e colher, a organizar a terra e a aproveitar ao máximo os ciclos naturais. Além disso, Osíris estabeleceu as primeiras leis, consolidando uma sociedade pautada pela ordem e pela justiça, e incentivou a veneração aos deuses, fortalecendo a espiritualidade que sustentava a harmonia entre o homem e o cosmos.

Sua união com Ísis, deusa da magia e da fertilidade, personificava o equilíbrio essencial entre o masculino e o feminino, uma parceria simbólica que refletia a complementaridade necessária para a manutenção do universo. Ísis era mais do que uma consorte; era sua igual, um pilar ao seu lado, ajudando a preservar a prosperidade e a harmonia de sua terra. Juntos, eles eram o modelo perfeito de liderança benevolente e parceria divina.

No entanto, a prosperidade e a bondade de Osíris despertaram a inveja de Seth, seu irmão mais novo e personificação do caos e da desordem. Movido pela ambição de usurpar o trono, Seth elaborou um plano cruel. Ele construiu um sarcófago magnífico, cujas dimensões eram feitas sob medida para o corpo de

Osíris, e durante um banquete grandioso, propôs um jogo aparentemente inofensivo: quem se encaixasse perfeitamente no sarcófago o teria como presente. Osíris, sem desconfiar de qualquer ameaça, aceitou o desafio e deitou-se no sarcófago. Nesse momento, Seth e seus cúmplices o trancaram e selaram com força, lançando o caixão ao rio Nilo, condenando-o à morte.

O desaparecimento de Osíris trouxe tristeza e desolação ao Egito, mas foi Ísis quem se recusou a aceitar o destino de seu marido. Desolada, mas determinada, ela iniciou uma busca incansável pelo corpo de Osíris, percorrendo toda a extensão do Egito. Durante essa jornada, Ísis enfrentou perigos e obstáculos, usando sua inteligência e poderes mágicos para superar cada desafio. Sua devoção e lealdade foram além do amor conjugal; eram um testemunho da resiliência e da força necessária para enfrentar a perda e restaurar o equilíbrio.

Finalmente, com a ajuda de sua irmã Néftis, Ísis encontrou o sarcófago contendo o corpo de Osíris. Suas lágrimas e encantamentos mágicos devolveram-lhe a vida, ainda que temporariamente, permitindo que o casal se reunisse por um breve momento. Essa ressurreição, porém, foi um ato que provocou a ira de Seth. Enfurecido ao descobrir que seu irmão havia retornado, Seth retaliou de forma ainda mais cruel. Ele desmembrou o corpo de Osíris em quatorze pedaços e os espalhou por todo o Egito, acreditando que isso tornaria impossível sua restauração.

Mesmo diante desse novo golpe, Ísis não desistiu. Com uma determinação inabalável, ela novamente percorreu o Egito, reunindo cada pedaço do corpo de Osíris. Durante essa jornada, ela contou com a ajuda de Néftis e de Anúbis, o deus da mumificação e dos rituais funerários. Juntos, eles cuidadosamente reconstituíram o corpo de Osíris, utilizando faixas de linho para envolvê-lo. Foi nesse momento que nasceu a primeira múmia, estabelecendo a prática funerária que se tornaria central na crença egípcia sobre a preservação do corpo e a vida após a morte.

Apesar de todo o esforço, Osíris não pôde retornar ao mundo dos vivos. Sua ressurreição foi incompleta, mas isso não diminuiu seu papel como uma figura central na mitologia egípcia. Ele ascendeu ao submundo, o Duat, onde assumiu o título de rei e juiz das almas. Nesse novo papel, Osíris tornou-se o guardião da justiça, avaliando as ações dos mortos em uma balança que comparava seus corações à pena de Ma'at, o princípio da verdade e da ordem universal. Assim, Osíris assegurava que apenas as almas puras e justas alcançassem a paz eterna, enquanto as corruptas eram destinadas ao esquecimento.

Enquanto Osíris assumia seu lugar como rei do submundo, Ísis descobriu que estava grávida de Hórus, o filho que estava destinado a vingar a morte de seu pai e restaurar a ordem no Egito. Para proteger a criança de Seth, Ísis se refugiou nos pântanos do Delta do Nilo, onde criou Hórus em segredo. Essa fase da narrativa reforça não apenas a coragem de Ísis, mas também sua habilidade em usar magia e astúcia para enfrentar o caos e assegurar a continuidade da linhagem divina.

O mito de Osíris transcende a tragédia e se transforma em uma poderosa alegoria sobre os ciclos da natureza, a dualidade da vida e da morte, e a eterna luta entre ordem e caos. A morte de Osíris representa a perda, a dor e a fragilidade inerente à existência, enquanto sua ressurreição, mesmo que parcial, simboliza a esperança e a promessa de renovação. Ele se tornou um modelo de superação, demonstrando que a destruição não é um fim definitivo, mas uma etapa no caminho para um novo começo.

A história de Osíris também inspirou os "Mistérios de Osíris", rituais secretos que reencenavam sua morte e ressurreição. Esses rituais ofereciam aos participantes uma conexão íntima com o ciclo da vida e da morte, bem como uma renovação espiritual. Além disso, o mito influenciou profundamente a arte, a literatura e a religião egípcia, consolidando Osíris como um dos pilares da crença na imortalidade e na justiça divina. Seu legado é um testemunho do poder transformador do amor, da fé e da perseverança diante das adversidades, uma mensagem que continua a inspirar até os dias de hoje.

A saga de Osíris ecoa como um testemunho atemporal da resiliência humana diante da destruição e da perda. Sua história não é apenas uma celebração da vitória do amor e da justiça sobre o caos, mas também uma profunda reflexão sobre o papel da renovação na continuidade da vida. Cada etapa de sua jornada, da traição de Seth à reconstrução por Ísis, reforça a crença egípcia de que a harmonia pode ser restaurada, mesmo diante das forças mais devastadoras. O mito transcende o tempo, ensinando que a morte não é o fim, mas uma transformação necessária para o início de algo novo.

O papel de Ísis nesse mito é igualmente inspirador, destacando a força e a persistência das energias criadoras e cuidadoras. Sua busca incessante pelo corpo de Osíris simboliza a luta pela preservação da vida e pela superação das adversidades. Ao reconstituir Osíris e dar à luz Hórus, ela assegura que o ciclo da existência continue, desafiando as forças do caos com sua fé inabalável e seus conhecimentos mágicos. Ísis emerge não apenas como uma deusa, mas como uma figura que personifica a resistência e o poder transformador do amor.

A narrativa de Osíris e Ísis é um convite a refletir sobre os ciclos que governam a vida humana e a natureza. A mensagem implícita no mito — de que a ordem sempre pode emergir do caos, e que a destruição pode ser um prelúdio para a renovação — transcende o contexto religioso e encontra ressonância universal. Osíris, como o rei do submundo e guardião da justiça, permanece um símbolo de esperança, lembrando-nos de que em cada fim há a promessa de um renascimento e a possibilidade de transformar a dor em força e o caos em equilíbrio.

# Capítulo 9
## Adoração a Osíris

A adoração a Osíris representava muito mais do que um culto religioso; era uma manifestação profunda das aspirações humanas por equilíbrio, justiça e renovação. Osíris personificava não apenas o ciclo vital da natureza, mas também a promessa de continuidade além da morte, o que fazia dele uma figura central na espiritualidade egípcia. Ele era o deus que acolhia os mortos, assegurava a ordem no submundo e oferecia esperança de ressurreição e vida eterna. Essa ligação direta entre Osíris e a perpetuidade da existência criava um elo inquebrável entre os devotos e o divino, influenciando desde as práticas cotidianas até as celebrações mais elaboradas.

Os templos dedicados a Osíris eram muito mais do que locais de veneração; funcionavam como pontos de conexão entre os mundos terreno e espiritual. Em Abidos, considerado o principal centro de culto ao deus, os rituais diários realizados pelos sacerdotes garantiam a continuidade da ordem cósmica e o favorecimento divino. Essas cerimônias, repletas de simbolismo, eram reforçadas por complexos relevos que decoravam as paredes dos templos, narrando o mito de Osíris de maneira visual e pedagógica. Para os egípcios, essas representações não apenas ilustravam os feitos do deus, mas também perpetuavam seus ensinamentos e reforçavam a fé na vida após a morte. Cada hino entoado, cada oferenda entregue e cada oração recitada era um gesto de confiança na proteção divina que Osíris representava.

Entre as celebrações mais marcantes dedicadas ao deus estavam os "Mistérios de Osíris", que combinavam a religiosidade com uma experiência profundamente transformadora. Esses rituais anuais, realizados com grande pompa, recriavam os eventos principais do mito, desde a traição e morte de Osíris até sua ressurreição e triunfo. Os participantes, muitas vezes peregrinos que atravessavam longas distâncias para estar presentes, vivenciavam de forma simbólica o sofrimento de Ísis, a superação da morte e a vitória sobre o caos. Essas cerimônias não apenas reforçavam a crença na continuidade da vida, mas ofereciam aos fiéis a oportunidade de refletir sobre sua própria mortalidade e renovação espiritual, reafirmando o elo inquebrável entre o humano e o divino.

A devoção a Osíris transcendia os rituais e se integrava na vida cotidiana dos egípcios por meio de símbolos e práticas relacionadas à sua imagem. Representado frequentemente com pele verde, simbolizando a regeneração, ou como uma figura mumificada, indicando sua conexão com o submundo, Osíris era evocado em amuletos, estatuetas e inscrições. Esses objetos, carregados como talismãs, tinham o propósito de atrair proteção, prosperidade e segurança na transição para a vida após a morte. A prática da mumificação, inspirada diretamente no mito de Osíris, tornava-se uma extensão de sua promessa de imortalidade, perpetuando a crença de que a preservação do corpo físico era essencial para a renovação espiritual.

A importância de Osíris na religião egípcia era tão profunda que sua influência ultrapassou as fronteiras do Egito, alcançando outras civilizações, como as culturas grega e romana. Ele se tornou um símbolo universal da esperança, da resiliência e da vitória da vida sobre a morte. A adoração a Osíris, com seus rituais, símbolos e ensinamentos, não apenas moldou a cultura egípcia, mas também deixou um legado duradouro que continua a inspirar reflexões sobre os mistérios da vida e da existência. A história e o culto a Osíris permanecem como um testemunho da capacidade humana de buscar o eterno em meio ao transitório, encontrar ordem no caos e acreditar na renovação, mesmo diante da inevitabilidade da mortalidade.

Os templos dedicados a Osíris, como o de Abidos, eram muito mais do que simples locais de culto; eram verdadeiros santuários de conexão entre o terreno e o divino. Reconhecido como o principal centro de veneração ao deus, Abidos atraía peregrinos de todas as partes do Egito, que viajavam grandes distâncias para homenagear Osíris e buscar sua proteção. Esses templos eram palco de rituais diários realizados por sacerdotes que se dedicavam exclusivamente a manter a ordem cósmica por meio de orações, hinos e oferendas. Cada cerimônia era meticulosamente planejada, carregada de simbolismo e reverência, reafirmando o papel de Osíris como o guardião da vida e da morte.

As paredes dos templos eram adornadas com relevos detalhados e pinturas vibrantes que narravam o mito de Osíris de forma visual e pedagógica. As imagens retratavam desde sua traição e morte nas mãos de Seth até sua ressurreição e reinado no submundo. Esses registros visuais não eram apenas decorativos; serviam como um meio de transmitir os ensinamentos do deus às gerações futuras, reforçando a fé na vida após a morte e na justiça divina. Para os devotos, cada detalhe esculpido nas pedras era um lembrete tangível do poder de Osíris e da promessa de renovação espiritual.

Entre as celebrações mais marcantes associadas a Osíris estavam os "Mistérios de Osíris", rituais anuais que recriavam os eventos principais de seu mito. Esses rituais combinavam elementos de teatro, música e dança em encenações elaboradas que transportavam os participantes para os momentos mais significativos da história do deus. Antes de participarem, os fiéis passavam por períodos de purificação e preparação, com práticas que incluíam jejuns, orações e banhos rituais. Durante as celebrações, vivenciavam simbolicamente o sofrimento de Ísis, a busca pelos pedaços de Osíris e sua ressurreição triunfante. Essas cerimônias não eram apenas um espetáculo religioso; elas ofereciam aos iniciados uma experiência profunda de introspecção e conexão com o ciclo de vida, morte e renascimento, renovando sua fé na imortalidade.

Os símbolos associados a Osíris desempenhavam um papel importante na vida cotidiana dos egípcios. O cetro e o flagelo, frequentemente representados em suas imagens, simbolizavam sua autoridade como rei e juiz supremo do submundo. A cor verde, associada à vegetação e ao renascimento, reforçava seu papel como deus da fertilidade e da regeneração. Amuletos com sua figura ou com símbolos relacionados, como o nó de Ísis ou o olho de Hórus, eram usados para proteção, boa sorte e garantia de uma passagem segura para o além. Esses objetos não eram apenas adornos, mas ferramentas espirituais carregadas de significado, que conectavam seus portadores à energia do deus.

A prática da mumificação, diretamente inspirada no mito de Osíris, também refletia essa crença em sua promessa de ressurreição. A preservação do corpo físico era vista como essencial para que o espírito do falecido pudesse renascer no além. Os processos elaborados de embalsamamento imitavam o cuidado com que Ísis e Anúbis haviam reconstruído o corpo de Osíris, tornando cada múmia uma expressão de fé na continuidade da vida. Além disso, as tumbas decoradas com cenas do mito de Osíris reforçavam a ideia de que os mortos estavam sob a proteção do deus, aguardando o momento de seu julgamento no Duat.

A adoração a Osíris também influenciava aspectos práticos da vida egípcia, como a agricultura. O ciclo anual do Nilo, com suas cheias que fertilizavam a terra, era diretamente associado ao mito do deus, simbolizando sua morte e ressurreição. Ao plantar e colher, os agricultores sentiam que participavam de um ciclo sagrado, no qual a terra renascia ano após ano sob a bênção de Osíris. Assim, a conexão entre a espiritualidade e a vida cotidiana era reforçada, unindo os egípcios em um profundo senso de propósito e harmonia.

Os "Mistérios de Osíris", além de celebrarem a história do deus, promoviam um sentimento de comunidade e pertencimento entre os participantes. Cada procissão, cada canto e cada oferenda era uma forma de reafirmar os valores de ordem, justiça e renovação que Osíris representava. Essas celebrações anuais tinham também um impacto social e emocional profundo, oferecendo consolo aos enlutados, esperança aos aflitos e inspiração espiritual para todos os presentes.

A influência de Osíris e de seu culto não se limitou às fronteiras do Egito. Suas histórias, símbolos e ensinamentos espalharam-se por outras culturas, como a grega e a romana, moldando crenças e práticas religiosas. Nas culturas ocidentais, Osíris foi reinterpretado como um arquétipo de renascimento e esperança, influenciando filosofias e tradições espirituais. Seu papel como um deus que transcende a morte e garante justiça universal tornou-se um símbolo universal de resiliência e fé na continuidade da existência.

Por fim, a adoração a Osíris permanece como um dos legados mais duradouros da religião egípcia. Ele personifica não apenas a vitória da vida sobre a morte, mas também a busca incessante da humanidade por ordem e significado em um mundo frequentemente caótico. A fé em Osíris, expressa em templos, rituais, símbolos e tradições, continua a inspirar reflexões sobre os mistérios da vida e da morte. Sua história e culto são testemunhos do poder da esperança, da renovação e da crença na justiça divina, valores que ressoam através dos séculos, conectando o passado ao presente de maneira atemporal.

A devoção a Osíris, profundamente entrelaçada à cultura egípcia, reflete o desejo universal por continuidade, justiça e renovação. Em cada templo, em cada celebração, a essência de Osíris se manifestava como uma força que transcendia o plano material, conectando os vivos aos mortos e promovendo o equilíbrio entre caos e ordem. Seu mito, tão vasto quanto íntimo, inspirava reis, sacerdotes e camponeses, unindo toda a sociedade sob a promessa de que a morte não era o fim, mas o início de uma nova jornada. Assim, Osíris tornou-se mais que um deus; ele era um guia espiritual que ressoava com os desafios e esperanças de cada indivíduo.

Os rituais e símbolos dedicados a Osíris não apenas enraizavam sua influência no cotidiano, mas também perpetuavam uma visão de mundo baseada na harmonia e na resiliência. Da prática da mumificação à simbologia agrícola, cada aspecto do culto reafirmava a crença na ciclicidade da vida e na capacidade de superar as adversidades. Seja nos campos fertilizados pelas cheias do Nilo, nos hinos entoados durante os "Mistérios" ou nas oferendas depositadas em santuários, os devotos encontravam em Osíris uma fonte constante de inspiração e consolo. Ele era a ponte entre o tangível e o transcendente, oferecendo aos fiéis um senso de propósito que ia além do imediato.

O legado de Osíris, perpetuado por gerações, ecoa ainda hoje como um símbolo da eterna busca por significado e renovação. Sua história, repleta de desafios e triunfos, lembra-nos de que a vida, tal como as águas do Nilo, é marcada por fluxos e refluxos que inevitavelmente levam à regeneração. A veneração a Osíris, com sua profundidade espiritual e impacto cultural, continua a oferecer uma lição atemporal: que na morte existe vida, no caos há ordem a ser encontrada, e que a força para renascer sempre pode ser descoberta no coração da própria existência.

# Capítulo 10
# Anúbis e a Morte

Anúbis é o guardião das fronteiras entre a vida e a eternidade, desempenhando um papel essencial na mitologia egípcia ao assegurar que o ciclo da existência se complete com ordem e justiça. Como deus da mumificação e guia dos mortos, ele é o arquétipo do protetor vigilante, aquele que preserva a integridade dos corpos e conduz as almas com segurança através do desconhecido. Sua figura, marcada pela cabeça de chacal negro, não apenas remete ao simbolismo da morte e da decomposição, mas também à regeneração e à continuidade. Anúbis não é um deus temido; é uma presença respeitada, que representa tanto a solidez da tradição funerária quanto a promessa de uma transição justa e ordenada para o além.

A conexão de Anúbis com a mumificação não é apenas técnica, mas espiritual. Ele supervisiona cada detalhe do processo, garantindo que o corpo do falecido seja tratado com o devido respeito e que os rituais necessários sejam realizados corretamente. Esse cuidado meticuloso assegura que a alma possa reconhecer sua morada física mesmo após a morte, um passo crucial para alcançar a imortalidade. A mumificação, sob a orientação de Anúbis, não é apenas uma prática material, mas um ato de fé no eterno. Ele próprio é representado como o primeiro a realizar essa arte, ao embalsamar Osíris, estabelecendo o modelo ritual que seria seguido por sacerdotes ao longo de milênios.

Além de sua função como preservador, Anúbis desempenha um papel central no julgamento das almas, sendo o guia que acompanha os mortos ao "Salão das Duas Verdades". Nesse espaço, sua figura imponente reforça a seriedade do processo de pesagem do coração, um momento que define o destino eterno da alma. A balança, equilibrada entre o coração do falecido e a pena de Maat, simboliza a harmonia cósmica, e Anúbis, com seu olhar atento, assegura que nenhum desvio ou engano ocorra. Esse papel reflete sua natureza como deus da justiça, que valoriza a verdade acima de tudo. Ele é, ao mesmo tempo, um protetor compassivo e um juiz imparcial, exemplificando os valores que regiam a vida e a morte no Egito antigo.

A adoração a Anúbis era impregnada de uma reverência que ia além do medo da morte. Ele era visto como um amigo e guardião, alguém que assegurava que os mortos fossem tratados com dignidade e que o ciclo da vida continuasse em equilíbrio. Seus templos e santuários, muitas vezes localizados em necrópoles, serviam como portais simbólicos para o Duat, o reino dos mortos. Ali, os sacerdotes recitavam hinos, realizavam oferendas e invocavam a proteção de Anúbis, enquanto amuletos com sua imagem eram colocados junto aos mortos como um símbolo de segurança e proteção. Esses objetos, carregados de significado, representavam a fé na continuidade da existência e na justiça divina que ele representava.

Mais do que um deus da morte, Anúbis é uma figura de transição e renovação, alguém que garante que o ciclo da existência não seja interrompido e que as almas sejam tratadas com o respeito que merecem. Ele é um lembrete constante da inevitabilidade da morte, mas também da importância de viver de acordo com os princípios de justiça, equilíbrio e verdade. Sua imagem, com a cabeça de chacal, não evoca apenas mistério, mas também confiança, pois Anúbis simboliza a certeza de que ninguém estará sozinho na travessia para o desconhecido. Ele permanece como um emblema duradouro de proteção, justiça e da promessa de que, mesmo no silêncio da morte, há ordem e continuidade.

Anúbis é frequentemente representado como um homem com cabeça de chacal negro, um animal intimamente associado aos cemitérios e à decomposição, mas também à proteção e à regeneração. Sua pelagem escura evoca a terra fértil, a noite e o submundo, simbolizando não apenas a morte, mas também a continuidade da existência. Em algumas representações, ele aparece deitado sobre o estômago, guardando tumbas e protegendo os mortos, enquanto em outras é mostrado guiando as almas pelo Duat, o reino dos mortos, sempre carregando o cetro *was*, um símbolo de poder, domínio e ordem cósmica. Essa imagem imponente reflete seu papel como mediador entre o mundo dos vivos e o dos mortos, assegurando que a transição para o além ocorra com segurança e justiça.

Os mitos sobre a origem de Anúbis variam de acordo com as tradições, mas em todas as versões ele é uma figura essencial. Em algumas narrativas, ele é descrito como filho de Osíris e Néftis, enquanto em outras é fruto da união entre Seth e Néftis. Independentemente de sua linhagem, seu papel como guardião dos mortos e mestre da mumificação permanece central na mitologia egípcia. Sua associação com a morte não é de temor, mas de reverência e proteção. Ele representa a segurança durante a transição para o além, garantindo que as almas recebam um julgamento justo e que o equilíbrio cósmico seja preservado.

Como deus da mumificação, Anúbis supervisionava o complexo ritual de preservação do corpo, uma prática que ia além do técnico e assumia um significado profundamente espiritual. Ele guiava os sacerdotes em cada etapa do embalsamamento, desde a cuidadosa remoção dos órgãos internos até o enfaixamento final do corpo com tiras de linho. Durante o processo, orações e encantamentos eram recitados para invocar a proteção de Anúbis, assegurando que o corpo fosse tratado com a máxima reverência. Essa prática não apenas garantia que a alma do falecido reconhecesse sua morada física após a morte, mas também simbolizava a crença de que a preservação do corpo era essencial para a continuidade da vida no além.

A primeira mumificação, segundo a mitologia, foi realizada pelo próprio Anúbis, quando ele embalsamou Osíris após sua morte nas mãos de Seth. Esse ato inicial não apenas restaurou Osíris à vida de uma nova forma, mas também estabeleceu o modelo ritual seguido por milênios no Egito. Cada mumificação era, portanto, um reflexo direto desse momento primordial, um testemunho da fé na ressurreição e na vida eterna.

Após a mumificação, Anúbis assumia outro papel crucial: o de guia das almas no Duat. Ele conduzia o falecido ao "Salão das Duas Verdades", onde o julgamento final era realizado. Nesse espaço sagrado, Anúbis desempenhava a função de vigilante durante a "Pesagem do Coração", uma cerimônia que determinava o destino eterno da alma. O coração do morto era colocado em uma balança, contrabalançado pela pena de Ma'at, a deusa da verdade e da justiça. Se o coração fosse mais leve que a pena, isso indicava que o falecido havia vivido de forma justa e poderia entrar no paraíso. Caso contrário, a alma era condenada à aniquilação, sendo devorada por Ammit, a temida "Devoradora de Almas". Durante todo esse processo, Anúbis garantia que o julgamento fosse conduzido de forma justa e imparcial, simbolizando seu compromisso com os valores de verdade e ordem.

A adoração a Anúbis era difundida por todo o Egito, especialmente em necrópoles e cemitérios, onde capelas e santuários eram erguidos em sua homenagem. Esses locais serviam como portais entre os mundos, onde os vivos buscavam a proteção do deus para seus entes queridos que haviam partido. Sacerdotes especializados em rituais funerários realizavam cerimônias para invocar Anúbis, recitando hinos e oferecendo preces para garantir uma transição segura e uma proteção duradoura no além. Amuletos com a imagem de Anúbis eram frequentemente colocados junto aos mortos, seja em tumbas ou diretamente nos sarcófagos, como um símbolo de segurança e um lembrete da presença vigilante do deus.

Esses amuletos, geralmente representando Anúbis em sua forma de chacal ou carregando o cetro *was*, eram considerados objetos sagrados. Eles não apenas afastavam os maus espíritos, mas também reforçavam a fé na continuidade da existência e na justiça divina. Para os egípcios, a presença de Anúbis ao lado dos mortos era um sinal de que eles não estavam sozinhos em sua jornada, mas acompanhados por um guia compassivo e protetor.

Apesar de sua ligação com a morte, Anúbis transcende a imagem sombria do fim da vida. Ele é, acima de tudo, um deus de transição e renovação. Sua função como protetor dos mortos e juiz das almas reflete a crença egípcia em uma ordem universal, na qual a justiça e a verdade governam tanto a vida quanto a morte. Sua figura, com a cabeça de chacal, é um lembrete constante da inevitabilidade da morte, mas também da importância de viver uma vida pautada pelos princípios de Ma'at: equilíbrio, verdade e justiça.

Anúbis, portanto, não era apenas um deus funerário, mas um símbolo de esperança e continuidade. Ele assegurava que o ciclo da vida e da morte permanecesse ininterrupto, garantindo que cada alma recebesse o destino que merecia. Sua presença no "Salão das Duas Verdades" inspirava respeito, mas também confiança, pois ele era uma figura compassiva, que guiava as almas com cuidado e assegurava que a justiça fosse feita.

Mesmo hoje, a imagem de Anúbis perdura como uma representação enigmática e fascinante da morte e do além. Ele é a personificação do equilíbrio cósmico, um lembrete de que, mesmo diante do desconhecido, há ordem, proteção e renovação. Anúbis continua a inspirar reflexões sobre a mortalidade e a necessidade de viver uma vida digna, simbolizando a certeza de que ninguém enfrenta a jornada para o além sozinho.

Anúbis, com sua presença imponente e papel crucial na transição entre a vida e a morte, é um símbolo de proteção e equilíbrio cósmico. Seu papel como guia e guardião dos mortos transcende o medo da morte, oferecendo aos egípcios a certeza de que o julgamento final seria justo e conduzido com compaixão. Como mestre da mumificação, ele assegurava a preservação do corpo e a continuidade da alma, refletindo a crença de que a morte era apenas uma passagem para uma nova forma de existência. Anúbis era o guardião da ordem no momento mais delicado da jornada humana, reafirmando que mesmo na escuridão da morte havia luz e propósito.

A imagem de Anúbis, com sua cabeça de chacal, reforça sua conexão tanto com os mistérios da morte quanto com a regeneração. Ele não apenas protegia os mortos de forças malignas, mas também oferecia um senso de segurança aos vivos, que confiavam seus entes queridos à sua tutela no além. Seus rituais, detalhadamente conduzidos por sacerdotes especializados, simbolizavam uma crença profunda na harmonia cósmica e na continuidade da vida. Anúbis era mais do que um deus funerário; ele representava a confiança de que a justiça prevaleceria e de que a travessia para o além seria segura e ordenada.

Mesmo em sua ligação com o fim da vida, Anúbis é um lembrete de renovação e equilíbrio. Ele personifica a transição inevitável, mas necessária, que conecta os ciclos da existência, guiando cada alma com cuidado e imparcialidade. Sua história e seu culto são uma poderosa reflexão sobre a mortalidade e a fé na continuidade além do mundo físico. Anúbis não era apenas o protetor dos mortos; ele era o símbolo da ordem que sustenta o cosmos, da justiça que governa a alma e da certeza de que, na travessia para o desconhecido, ninguém estaria verdadeiramente sozinho.

# Capítulo 11
# Ritos Funerários

A morte, para os antigos egípcios, não era percebida como um término, mas como um ponto de partida para uma nova existência no além. Esse entendimento moldava profundamente os rituais funerários, que transcendiam práticas materiais e se tornavam uma manifestação espiritual e cultural de grande complexidade. O conceito de vida eterna estava intrinsecamente ligado à preservação do corpo físico, visto como o elo indispensável entre a existência terrena e a continuidade no além. Assim, cada detalhe dos ritos funerários era planejado para garantir que a alma, composta por diferentes elementos como o *ba* e o *ka*, pudesse transitar de forma harmoniosa entre os mundos e usufruir de um renascimento espiritual pleno.

Para atingir esse objetivo, o processo funerário começava com uma preparação cuidadosa do corpo, que era considerado um receptáculo sagrado para a alma. A lavagem com águas purificadoras e a unção com óleos aromáticos marcavam o início do ritual, representando a purificação e a consagração do corpo para a jornada espiritual. Mais do que um procedimento técnico, essas ações simbolizavam a separação do falecido de sua vida terrena e sua preparação para ingressar em uma dimensão transcendental. Os embalsamadores, figuras de grande prestígio e conhecimento, assumiam a responsabilidade de realizar a mumificação, tarefa que envolvia tanto habilidade prática quanto reverência espiritual. A escolha de preservar ou remover determinados órgãos seguia critérios rituais e simbólicos, refletindo crenças profundas sobre a relação entre corpo e alma.

Além da preservação do corpo, os preparativos envolviam a criação de um ambiente físico que sustentasse o espírito em sua nova existência. A tumba não era apenas um local de descanso, mas uma "casa da eternidade", cuidadosamente projetada para abrigar o morto em sua jornada pós-vida. Cada elemento da tumba era impregnado de significados espirituais, desde as inscrições hieroglíficas com passagens protetoras até as cenas de oferendas e celebrações da vida terrena. Objetos pessoais, alimentos, roupas e outros itens essenciais eram cuidadosamente dispostos como provisões para o além, um testemunho da crença egípcia de que a vida após a morte era uma continuidade aprimorada da existência terrena. O meticuloso planejamento dessas tumbas também reflete a hierarquia social e a organização política da época, em que o nível de grandiosidade da sepultura muitas vezes correspondia à posição do indivíduo na sociedade.

Esses rituais funerários não apenas garantiam a imortalidade do falecido, mas também reforçavam os valores e as tradições culturais da civilização egípcia. A combinação de práticas materiais e simbólicas expressava a profunda conexão entre os vivos e os mortos, entre o mundo terreno e o divino. Mais do que um ritual de despedida, os ritos funerários egípcios eram uma celebração da continuidade da existência, uma reafirmação da ordem cósmica e uma demonstração da engenhosidade humana em lidar com os mistérios da morte e da eternidade.

O processo funerário egípcio começava com a purificação do corpo, um rito essencial que marcava a separação da existência terrena e a preparação para a jornada espiritual. Os embalsamadores lavavam o corpo do falecido com água sagrada, simbolizando não apenas a limpeza física, mas também a purificação espiritual. Esse ato era realizado com profundo respeito e devoção, em um ambiente cerimonial que evocava a sacralidade do momento. Em seguida, o corpo era ungido com óleos aromáticos, uma prática que, além de auxiliar na preservação, conferia ao corpo um status sagrado, preparando-o para a passagem ao além. Os aromas dos óleos evocavam a conexão com o divino e tinham significados espirituais específicos, relacionados à proteção e à prosperidade na vida após a morte.

Após essa etapa inicial, começava a complexa e detalhada mumificação, um processo que exigia grande conhecimento e habilidade por parte dos embalsamadores, figuras de alto prestígio e especialização na antiga sociedade egípcia. O primeiro passo consistia na remoção dos órgãos internos, uma tarefa que envolvia técnicas precisas e cuidadosas. Todos os órgãos, exceto o coração, eram retirados. O coração, considerado a sede da alma e da consciência, permanecia no corpo, pois desempenhava um papel crucial no julgamento do morto perante os deuses. Os órgãos removidos eram tratados com natrão, um sal natural que promovia a desidratação e conservação, e depois colocados em vasos canópicos. Esses recipientes eram protegidos por quatro deuses: Imsety, guardião do fígado; Hapy, dos pulmões; Duamutef, do estômago; e Qebehsenuef, dos intestinos. Cada vaso, além de sua função prática, possuía um significado simbólico profundo, refletindo a interconexão entre os elementos do corpo e as forças divinas.

Com os órgãos preservados, o corpo era submetido a um processo de desidratação que podia durar várias semanas. Esse método, realizado com o uso de natrão, retirava toda a umidade, prevenindo a decomposição e garantindo a integridade do corpo para a eternidade. Após a secagem completa, o corpo era preenchido com substâncias aromáticas e resinas, que não apenas auxiliavam na preservação, mas também simbolizavam a pureza e a sacralidade do falecido. Finalmente, o corpo era cuidadosamente enfaixado com longas tiras de linho, em um processo minucioso que levava dias para ser concluído. Entre as faixas, amuletos e talismãs eram colocados estrategicamente, cada um com propósitos específicos, como proteção contra espíritos malignos ou orientação no caminho para o além. Esses amuletos eram frequentemente inscritos com fórmulas mágicas e imagens de deuses, reforçando sua conexão com as forças sobrenaturais.

Concluído o processo de mumificação, o corpo mumificado era colocado em um sarcófago, que por sua vez era uma obra de arte e devoção. Decorados com pinturas detalhadas e hieróglifos, os sarcófagos representavam não apenas o falecido, mas também cenas e textos que garantiam sua proteção e orientação na vida após a morte. Esses textos incluíam passagens do "Livro dos Mortos", um guia indispensável para superar os desafios do mundo dos mortos e alcançar a eternidade ao lado dos deuses.

Enquanto isso, a tumba que receberia o corpo era meticulosamente preparada para se tornar a "casa da eternidade" do falecido. A grandiosidade e complexidade da tumba variavam de acordo com o status social da pessoa, mas todas eram projetadas com o objetivo de sustentar o espírito em sua nova existência. Para faraós e nobres, as tumbas podiam ser pirâmides imponentes, mastabas elaboradas ou hipogeus escavados nas rochas, enquanto indivíduos de menor prestígio social tinham túmulos mais modestos. Independentemente da forma, as tumbas eram adornadas com pinturas vívidas que retratavam cenas da vida cotidiana, oferendas aos deuses e passagens de textos sagrados. Essas imagens não eram apenas decorativas, mas possuíam funções mágicas, permitindo ao morto reviver momentos de alegria e abundância ou acessar a ajuda divina quando necessário.

As cerimônias funerárias que acompanhavam o enterro eram igualmente carregadas de simbolismo e emoção. Sacerdotes realizavam rituais como a "abertura da boca" e a "abertura dos olhos", práticas destinadas a restaurar ao falecido a capacidade de falar, comer, beber e enxergar no além. Esses rituais não eram apenas simbólicos, mas também carregavam um profundo significado espiritual, assegurando que o morto pudesse interagir plenamente com o mundo pós-vida. Durante essas cerimônias, familiares e amigos do falecido participavam de procissões solenes, lamentando sua partida e expressando sua devoção por meio de oferendas. Alimentos, bebidas, roupas e objetos pessoais eram cuidadosamente depositados na tumba, como provisões para atender às necessidades do morto em sua nova jornada. Esses itens, que muitas vezes incluíam ferramentas, joias e até brinquedos no caso de crianças, eram uma demonstração da crença de que a vida após a morte era uma extensão enriquecida da vida terrena.

Esse complexo conjunto de práticas funerárias não apenas refletia a profunda fé dos egípcios na vida após a morte, mas também demonstrava a engenhosidade e sofisticação de sua cultura. Os ritos funerários combinavam conhecimentos avançados em anatomia, química, arquitetura e teologia, revelando uma civilização que compreendia a morte não como um fim, mas como uma transição essencial. Mais do que meras tradições, essas práticas eram uma afirmação da continuidade da existência e uma celebração do engenho humano em lidar com os mistérios da mortalidade e da eternidade.

A profundidade e a complexidade dos ritos funerários egípcios revelavam não apenas a preocupação com a preservação física do falecido, mas também um intrincado sistema de crenças que ligava o mundo material ao espiritual. Cada etapa do processo funerário era carregada de intenções precisas, simbologias profundas e uma reverência inabalável pelos mistérios da existência. Desde os sacerdotes que recitavam encantamentos sagrados até os artistas que decoravam as tumbas com cenas vibrantes da vida e da morte, todos desempenhavam um papel essencial na criação de uma ponte entre o temporário e o eterno. Esse esforço coletivo transcendia o indivíduo, consolidando um legado cultural que ecoaria ao longo dos milênios.

No entanto, os ritos funerários não representavam apenas a preparação do falecido para sua jornada no além, mas também uma reafirmação do equilíbrio cósmico e da ordem divina que sustentavam o universo. Os textos sagrados, as oferendas e os talismãs reforçavam a conexão entre os vivos e os mortos, lembrando os primeiros de seu papel como guardiões da memória e do culto. Para os egípcios, a imortalidade não era conquistada apenas no domínio espiritual, mas também na preservação do nome e dos feitos do indivíduo, perpetuados por meio dos hieróglifos e das narrações nas paredes das tumbas. Assim, a morte tornava-se um elo entre gerações, unindo passado, presente e futuro em um ciclo eterno de renovação.

Esse legado funerário não se limitava aos mortos, mas nutria a vida dos vivos, que encontravam nas práticas e nos rituais um sentido de continuidade e pertencimento. A arte, a ciência e a espiritualidade, tão habilmente entrelaçadas nesses costumes, demonstravam como os egípcios transformavam a finitude humana em uma celebração do eterno. Cada tumba, cada rito e cada oferenda eram expressões de um profundo respeito pela existência e da busca incessante por transcendência, encerrando não apenas um capítulo da vida, mas também abrindo as portas para a eternidade.

# Capítulo 12
## Anúbis Guia

Anúbis, o deus chacal, simbolizava a transição e a proteção na jornada espiritual, desempenhando um papel fundamental na ligação entre o mundo dos vivos e o reino dos mortos. Para os egípcios, a travessia pelo submundo, o Duat, era vista como uma jornada desafiadora, cheia de perigos e provações, onde apenas os preparados e protegidos poderiam alcançar a vida eterna. Anúbis era o guia confiável e protetor indispensável, garantindo que as almas percorressem esse caminho tortuoso com segurança, enquanto enfrentavam as forças sombrias que habitavam o além. Ele representava não apenas a segurança na travessia, mas também a promessa de uma justiça final e imparcial para todos os que ousavam entrar nesse reino desconhecido.

O papel de Anúbis começava no momento em que a alma se separava do corpo físico. Ele era descrito como aquele que recebia o morto, acolhendo-o em sua nova condição espiritual e garantindo que não estivesse sozinho em sua jornada. O Duat, muitas vezes imaginado como um labirinto misterioso e perigoso, era povoado por criaturas ameaçadoras como serpentes e demônios, além de inúmeros obstáculos que testavam a força, a sabedoria e a pureza da alma. Anúbis, com sua profunda sabedoria e conhecimento desse território sombrio, assegurava que a alma tomasse o caminho correto e permanecesse protegida contra esses perigos. Mais do que um simples guia, ele era um guardião vigilante, afastando as ameaças e oferecendo instruções para superar os desafios, o que simbolizava o cuidado divino durante essa etapa crucial.

Um dos momentos mais significativos do papel de Anúbis no submundo ocorria no julgamento da alma. Ele era responsável por conduzir o falecido ao "Salão das Duas Verdades", onde o coração do morto era pesado contra a pena de Maat, a deusa da verdade e da ordem. Esse julgamento não apenas determinava o destino da alma, mas também era um reflexo das crenças éticas e espirituais dos egípcios. Anúbis assegurava que o procedimento fosse justo, agindo como mediador entre o mundo humano e o divino. Sua presença durante esse processo simbolizava a busca pela verdade e pela justiça universal, tranquilizando aqueles que buscavam a vida eterna com corações puros e ações retas.

A devoção a Anúbis transcendeu os rituais funerários, refletindo-se na criação de amuletos e orações destinadas a invocar sua proteção. Os egípcios depositavam profunda confiança nele, acreditando que sua presença garantisse segurança não apenas no além, mas também durante a transição entre os mundos. Ele personificava a esperança em um guia benevolente e justo, capaz de conduzir as almas através da escuridão e assegurá-las de que a morte era apenas o início de uma nova e promissora jornada espiritual. Assim, Anúbis permanecia como um símbolo de consolo, confiança e renovação diante da incerteza do desconhecido.

A jornada da alma, na visão dos antigos egípcios, tinha início no exato momento em que a vida abandonava o corpo físico. Nesse instante crucial, Anúbis, o deus de cabeça de chacal, assumia o papel de acolhedor e guia. Com uma postura solene e serena, ele se aproximava do recém-falecido, garantindo que sua transição para o mundo espiritual não fosse solitária nem desamparada. Com profundo conhecimento das complexidades do Duat, o reino do submundo, Anúbis conduzia a alma até sua entrada, uma passagem envolta em mistério e repleta de desafios. O Duat era frequentemente descrito como um labirinto intrincado, um território desconhecido e hostil, onde sombras ocultavam perigos iminentes e onde o menor erro poderia condenar a alma para sempre. Criaturas aterrorizantes, como serpentes gigantes, demônios de aparência grotesca e crocodilos vorazes, aguardavam nas curvas do caminho, prontas para devorar aqueles que não estivessem devidamente preparados.

Nessa travessia perigosa, Anúbis desempenhava um papel vital. Com sua sabedoria incomparável, ele sabia identificar os atalhos mais seguros e discernir as ameaças ocultas, protegendo as almas sob sua guarda. Em algumas representações artísticas e mitológicas, o deus é retratado carregando a alma em suas costas, um gesto que simbolizava sua dedicação e cuidado paternal. Ele afastava os monstros e as armadilhas que se interpunham no caminho e oferecia à alma a certeza de que, enquanto estivesse sob sua proteção, nenhum mal a alcançaria. Essa imagem poderosa de Anúbis como protetor reforçava nos egípcios a crença de que a morte não era algo a ser temido, mas um passo natural e protegido para uma existência superior.

Ao longo do percurso no Duat, surgiam também provas que exigiam mais do que força ou coragem; eram testes de sabedoria e memória. Um dos desafios mais emblemáticos exigia que a alma reconhecesse e nomeasse os deuses e demônios que guardavam as portas do submundo. Cada porta era vigiada por uma entidade sobrenatural, e apenas aqueles que soubessem pronunciar os nomes corretos, acompanhados de palavras mágicas específicas, poderiam prosseguir. Anúbis, com sua paciência e entendimento das forças espirituais, ensinava à alma essas palavras e nomes antes que ela enfrentasse cada desafio. Era uma demonstração de sua compaixão divina e de seu papel não apenas como protetor, mas também como mentor das almas, garantindo que tivessem as ferramentas necessárias para superar qualquer obstáculo.

Chegando ao momento crucial da jornada, Anúbis conduzia a alma ao "Salão das Duas Verdades", onde o julgamento final ocorria. Esse momento era temido e reverenciado, pois determinava o destino eterno do falecido. No centro do salão, diante do tribunal presidido por Osíris, estava a balança da justiça. De um lado, colocava-se o coração do morto, símbolo de suas ações e intenções em vida; do outro, a pena de Maat, que representava a verdade, a ordem e a justiça cósmica. Anúbis desempenhava um papel central nesse ritual sagrado, ajustando a balança com precisão e assegurando que o julgamento fosse conduzido de forma justa e imparcial. Sua presença era tranquilizadora, pois representava a certeza de que cada alma seria avaliada com equidade, sem favoritismos ou enganos.

Se o coração se mostrasse mais leve ou igual à pena, a alma era declarada digna de entrar no paraíso, onde desfrutaria de uma eternidade de paz e abundância ao lado dos deuses. Caso contrário, o coração seria devorado por Ammit, uma criatura híbrida de leão, crocodilo e hipopótamo, simbolizando a aniquilação total da alma. Anúbis, nesse contexto, não apenas conduzia o julgamento, mas também oferecia suporte moral à alma, guiando-a para seu destino final, seja ele glorioso ou trágico. Ele personificava a justiça divina e a aceitação do que viria, fortalecendo a conexão entre o humano e o sagrado.

Essa profunda relação dos egípcios com Anúbis refletia-se em sua devoção cotidiana. Amuletos e talismãs dedicados ao deus eram colocados entre as faixas das múmias ou nas tumbas, com o intuito de invocar sua proteção contínua no além. Esses objetos, muitas vezes esculpidos em pedras preciosas ou metais nobres, traziam inscrições com fórmulas mágicas e orações que buscavam garantir a presença benevolente de Anúbis ao lado do falecido. Durante os rituais funerários, hinos e cânticos em sua honra eram entoados, clamando por sua intercessão e orientação para a alma na travessia do Duat. A figura de Anúbis era, portanto, não apenas um símbolo de proteção, mas também uma fonte de esperança e consolo para os vivos, que confiavam na continuidade da existência espiritual de seus entes queridos.

Ao longo de todas essas etapas, Anúbis permanecia como uma figura de força silenciosa, uma luz que guiava as almas na escuridão do desconhecido. Ele era um lembrete de que, apesar das incertezas da morte, havia ordem, justiça e proteção divina à espera de todos aqueles que aceitassem sua liderança. Mais do que um simples guia, Anúbis era um companheiro fiel, um símbolo de renovação e a certeza de que a morte marcava o início de uma nova jornada, tão grandiosa quanto a vida. Assim, os egípcios viam nele não apenas um deus, mas uma manifestação da eterna promessa de transição, proteção e justiça que a morte poderia oferecer.

Anúbis, com sua presença constante e firme, simbolizava a ponte segura entre a fragilidade humana e a eternidade divina. Cada etapa da jornada no Duat, por mais perigosa ou desafiadora que fosse, era suavizada pela certeza de sua orientação. Ele não apenas afastava as ameaças e iluminava os caminhos obscuros, mas também oferecia à alma a confiança necessária para enfrentar os julgamentos de sua própria existência. O deus chacal, com sua paciência e imparcialidade, não julgava os mortos; ele assegurava que o equilíbrio cósmico fosse mantido e que cada alma recebesse o destino que lhe era devido, sempre com um olhar compassivo e protetor.

A dedicação dos egípcios a Anúbis era um reflexo de sua visão da morte como um processo natural e, ao mesmo tempo, profundamente espiritual. Os amuletos e rituais em sua honra expressavam não apenas um pedido de proteção, mas uma demonstração de gratidão por seu papel como mediador entre os mundos. Na arte e na religião, sua figura de chacal tornava-se um ícone eterno de transição, lealdade e renascimento. Era Anúbis quem, silenciosamente, assegurava que a passagem dos mortos fosse envolta em dignidade e reverência, tornando a travessia para o além uma experiência de serenidade e justiça.

Ao final de cada vida, Anúbis permanecia como o fiel companheiro que guiava as almas à eternidade, garantindo que nenhuma fosse esquecida ou abandonada. Sua imagem transcendia o temor da morte, transformando-a em uma promessa de renovação e continuidade. Nos cânticos, nos hieróglifos e nas orações que atravessaram os séculos, ele vive como o guardião imortal da travessia, uma presença sempre vigilante que assegura que mesmo na escuridão mais profunda há luz, e que cada jornada é uma porta aberta para o infinito.

# Capítulo 13
## Alma Egípcia

A concepção egípcia da alma era intrinsecamente ligada à visão de mundo que buscava integrar o físico, o espiritual e o divino em uma única experiência existencial. Para os egípcios, a alma humana não era uma entidade única e indivisível, mas uma estrutura rica e multifacetada, composta por diferentes elementos que, juntos, definiam a essência, a identidade e a existência do indivíduo. Essa abordagem complexa refletia o entendimento de que a vida e a morte eram partes complementares de um ciclo contínuo, onde a alma desempenhava papéis distintos em diferentes planos da existência. Cada parte da alma possuía uma função específica, mas todas dependiam umas das outras para assegurar a continuidade da vida, tanto no mundo físico quanto no espiritual.

Entre os principais componentes da alma, o *Ka* ocupava uma posição central. Ele era concebido como a força vital que animava o corpo durante a vida e continuava a existir após a morte, desde que recebesse as oferendas adequadas. O *Ka* representava a energia vital que mantinha o equilíbrio entre o corpo físico e a alma espiritual. Para garantir sua sobrevivência no além, os egípcios dedicavam grande atenção ao sustento do

*Ka*, depositando alimentos e bebidas nas tumbas como provisões simbólicas para sua subsistência. Esse cuidado demonstrava a importância da conexão entre o corpo mumificado e o ambiente espiritual, pois a preservação do corpo era vista como essencial para que o *Ka* pudesse continuar sua existência eterna.

Outro aspecto fascinante da alma egípcia era o *Ba*, a parte que conferia individualidade e liberdade de movimento ao falecido. Representado como um pássaro com cabeça humana, o *Ba* simbolizava a capacidade da alma de transitar entre o mundo dos vivos e o além, mantendo vínculos emocionais e espirituais com sua existência terrena. Após a morte, o *Ba* não se limitava à tumba, mas vagava por lugares familiares, visitava entes queridos e, ao mesmo tempo, explorava o reino dos deuses. Essa liberdade era fundamental para a experiência do além, pois proporcionava uma continuidade das relações e vivências que definiam a identidade do indivíduo. O *Ba* também desempenhava um papel essencial ao se unir ao *Ka* para formar o *Akh*, a essência imortal que habitava o paraíso.

A transformação da alma no *Akh* representava o estágio final e glorificado da existência. Essa forma transfigurada era alcançada após o julgamento no Tribunal de Osíris, onde o coração do falecido era pesado contra a pena de Maat, simbolizando a verdade e a justiça. O *Akh* era a união harmoniosa do *Ka* e do *Ba*, marcando a realização da imortalidade e da plena integração da alma com as forças cósmicas e divinas. Essa parte da alma vivia no Campo de Juncos, um paraíso abundante onde o indivíduo desfrutava de uma existência ideal, livre de sofrimento, e em comunhão com seus antepassados e deuses.

A crença egípcia também incluía o *Ren* e o *Sheut*, que destacavam a importância da memória e da identidade. O *Ren*, ou nome, era considerado a essência do indivíduo, cuja preservação assegurava sua existência eterna. Esquecer ou apagar o nome de alguém significava condená-lo ao esquecimento absoluto, uma ideia que explica o cuidado em registrar nomes em monumentos e túmulos. O *Sheut*, ou sombra, era visto como uma presença inseparável da pessoa, acompanhando-a na vida e na morte, e desempenhando um papel misterioso na jornada espiritual.

Essa concepção multidimensional da alma revelava não apenas a sofisticação das crenças egípcias, mas também a profundidade de sua preocupação com a preservação da identidade e da continuidade da vida além da morte. Ao unir práticas materiais, como a mumificação e as oferendas, com crenças espirituais e simbólicas, os egípcios buscavam assegurar uma eternidade plena, onde todas as partes da alma pudessem coexistir em harmonia, perpetuando a essência do indivíduo no ciclo eterno da vida e do cosmos.

A concepção da alma pelos egípcios reflete uma visão intricada e profundamente espiritual da existência, onde a vida e a morte se interligam como partes complementares de um ciclo eterno. Para eles, a alma não era uma unidade indivisível, mas uma composição rica e multifacetada, formada por diferentes elementos que coexistiam para moldar a essência, a identidade e o destino de cada indivíduo. Essa abordagem refletia uma sociedade que via a existência como um equilíbrio entre o físico, o espiritual e o divino, onde cada parte da alma tinha um papel essencial na continuidade da vida, tanto na Terra quanto no além.

Entre esses componentes, o **Ka** ocupava uma posição de destaque como a "força vital". Representando uma duplicata espiritual do corpo, o Ka era considerado um gêmeo invisível que nascia junto com a pessoa e permanecia ao seu lado durante toda a vida. Após a morte, o Ka continuava a existir, mas sua sobrevivência dependia de sustento, assim como no plano físico. Por isso, os egípcios asseguravam que alimentos e bebidas fossem oferecidos em tumbas para garantir sua nutrição simbólica. Era crença comum que o Ka habitasse o corpo mumificado e a tumba, tornando a preservação do cadáver e a realização de rituais funerários essenciais para sua continuidade. Esse cuidado reflete a preocupação dos egípcios em estabelecer uma conexão perene entre o corpo, a alma e o ambiente espiritual, permitindo que o Ka desempenhasse seu papel vital no ciclo eterno.

Enquanto o Ka era responsável pela energia vital, o **Ba** conferia individualidade e liberdade de movimento à alma. Representado como um pássaro com cabeça humana, o Ba era único para cada indivíduo, simbolizando sua essência pessoal e sua capacidade de transcender os limites do mundo material. Após a morte, o Ba deixava o corpo e vagava livremente, visitando locais familiares e interagindo com o mundo dos vivos. Essa liberdade era crucial, pois permitia que o Ba mantivesse os laços emocionais e espirituais que definiam a identidade do falecido. Ao mesmo tempo, o Ba também explorava o reino dos deuses, conectando o falecido ao plano divino. No entanto, sua jornada não era solitária ou dispersa; o Ba retornava regularmente à tumba para se reunir com o Ka, e dessa união surgia o **Akh**, a forma glorificada e imortal da alma.

O **Akh** representava o objetivo final da existência espiritual. Era a união harmoniosa do Ka e do Ba, que só podia ser alcançada após o julgamento no Tribunal de Osíris. Nesse julgamento, o coração do falecido era pesado contra a pena de **Maat**, deusa da verdade e da justiça cósmica. Se o coração fosse puro e equilibrado, a alma atingia o estado de Akh, ingressando no Campo de Juncos, um paraíso de abundância e felicidade eterna. Esse estágio era visto como a coroação de uma vida vivida de acordo com os princípios de ordem e justiça, simbolizando a integração da alma com as forças universais e divinas. No Campo de Juncos, o Akh desfrutava de uma existência ideal, onde todas as necessidades eram satisfeitas, e a felicidade era perpétua.

Além do Ka, do Ba e do Akh, outros dois componentes fundamentais completavam a alma egípcia: o **Ren** e o **Sheut**. O **Ren**, ou nome, possuía uma importância crucial, pois era considerado a essência da identidade de uma pessoa. Para os egípcios, preservar o nome de alguém era garantir sua imortalidade, enquanto esquecer ou apagar o nome significava condenar a alma ao esquecimento eterno. Por essa razão, os nomes eram cuidadosamente registrados em túmulos, monumentos e objetos pessoais, perpetuando a memória do indivíduo ao longo das eras. Já o **Sheut**, ou sombra, era visto como uma presença inseparável do ser humano, que o acompanhava tanto na vida quanto na morte. Embora seu papel exato fosse envolto em mistério, o Sheut era frequentemente associado à proteção e à identidade do falecido no além, simbolizando a conexão contínua com o mundo material.

A interação entre esses elementos demonstrava a sofisticação das crenças egípcias sobre a alma e sua preocupação em preservar a essência de cada indivíduo além da morte. A mumificação, por exemplo, não era apenas um processo técnico, mas um ato simbólico que assegurava a ligação entre o corpo físico e os aspectos espirituais da alma, como o Ka e o Ba. As oferendas deixadas nas tumbas, assim como as inscrições cuidadosas que perpetuavam o nome do falecido, eram práticas que buscavam garantir a sobrevivência e a felicidade de todas as partes da alma no além.

Mais do que isso, a concepção da alma egípcia revelava uma visão profundamente otimista da morte. Acreditava-se que a vida continuava de forma glorificada, onde os laços familiares e as atividades terrenas podiam ser mantidos em um contexto ideal. Essa crença confortava os egípcios, oferecendo-lhes a esperança de que a existência não terminava com a morte, mas se transformava em uma jornada mais elevada e significativa. Ao mesmo tempo, essas ideias serviam como um lembrete para viver de forma ética e em harmonia com os princípios de Maat, assegurando que a alma estivesse preparada para o julgamento e a vida eterna.

A alma egípcia, composta pelo Ka, Ba, Akh, Ren e Sheut, era uma manifestação da complexidade da visão de mundo dessa antiga civilização. Essa visão não apenas unificava o físico, o espiritual e o divino, mas também integrava práticas culturais, como a construção de tumbas elaboradas e rituais funerários meticulosos, com crenças espirituais profundas. No coração dessa concepção estava a crença inabalável de que a morte não era o fim, mas uma transição para um estado mais elevado de existência, onde a essência do indivíduo poderia florescer em toda a sua plenitude e eternidade.

A concepção egípcia da alma transcendia a simples sobrevivência após a morte, integrando-se à ordem cósmica que regia o universo. Essa visão demonstrava que cada componente da alma possuía um papel específico, formando uma rede interdependente que sustentava a identidade do indivíduo através dos reinos da existência. Não era apenas uma questão de preservação do corpo ou do nome, mas de assegurar que cada aspecto do ser pudesse desempenhar sua função no eterno ciclo de vida, morte e renascimento. O equilíbrio entre o Ka e o Ba, culminando no estado glorificado do Akh, refletia a crença de que a harmonia interior era essencial para alcançar a eternidade em comunhão com o divino.

Essa abordagem multidimensional também evidenciava uma sociedade profundamente comprometida com a continuidade da memória e da identidade. A preservação do Ren, o registro do nome nos monumentos e a proteção da sombra como extensão do ser humano, revelavam uma preocupação que ia além do individual. Era um testemunho do esforço coletivo de uma civilização que enxergava a eternidade como um legado compartilhado, onde os vivos garantiam a imortalidade dos mortos através da lembrança e do respeito às tradições. Assim, a interação entre os elementos da alma não era apenas espiritual, mas também cultural, unindo gerações no mesmo propósito de perpetuar a existência.

Ao final, o conceito egípcio da alma era uma celebração da complexidade humana e do potencial de transcendência. Em suas crenças, a morte não encerrava a vida, mas abria as portas para uma continuidade glorificada, onde o indivíduo poderia experimentar a plenitude de sua essência em comunhão com as forças divinas. Essa visão profundamente otimista e estruturada oferecia não apenas conforto diante da mortalidade, mas também um convite a viver de forma íntegra, alinhada aos princípios de Maat, para que cada alma pudesse florescer eternamente no Campo de Juncos, em perfeita harmonia com o cosmos.

# Capítulo 14
# Duat: o Submundo

O Duat, o misterioso submundo da mitologia egípcia, era concebido como uma dimensão rica em simbolismo, onde a morte marcava o início de uma jornada transformadora. Esse reino não era apenas um lugar de provações, mas também um espaço de renascimento e ascensão espiritual. Para os egípcios, o Duat refletia a continuidade entre a vida terrena e o além, com uma geografia que reproduzia aspectos do mundo conhecido – rios, campos, montanhas e cidades – mas envolta em enigmas, perigos e manifestações sobrenaturais. A travessia pelo Duat era essencial para que a alma provasse sua pureza e determinação, culminando no encontro com a justiça divina e na possibilidade de alcançar a imortalidade.

A jornada pelo Duat era descrita como uma sequência de desafios que testavam o conhecimento e a virtude do falecido. Textos sagrados, como o "Livro dos Mortos", detalhavam o caminho percorrido pelas almas, que precisavam superar barreiras guardadas por criaturas míticas e resolver enigmas propostos por deuses e demônios. Essas provas eram não apenas um reflexo da justiça divina, mas também uma representação simbólica da luta interna do indivíduo em busca de equilíbrio e harmonia espiritual. O submundo era habitado por figuras temíveis – como serpentes de fogo, crocodilos gigantes e demônios com formas híbridas –, cuja função era proteger os segredos do Duat e garantir que apenas os dignos prosseguissem em sua jornada.

Entre as regiões do Duat, uma das mais emblemáticas era o "Salão das Duas Verdades", onde ocorria o julgamento final da alma. Nesse momento crucial, Anúbis conduzia o falecido até a balança de Maat, a deusa da verdade e da justiça cósmica. O coração do morto era pesado contra a pena de Maat, e o resultado desse julgamento determinava o destino da alma. Um coração puro e leve garantia a entrada no Campo de Juncos, o paraíso egípcio, enquanto um coração pesado, carregado de transgressões, era condenado ao esquecimento eterno, devorado por Ammit, a terrível "Devoradora de Almas". Essa cena, muitas vezes retratada na arte funerária, encapsulava a crença egípcia na necessidade de uma vida justa e alinhada aos princípios de Maat para assegurar a felicidade eterna.

Mais do que um espaço de julgamento, o Duat também era um lugar de esperança e renovação. Sob a regência de Osíris, o deus do renascimento e soberano do submundo, o Duat simbolizava a possibilidade de transformação e regeneração. As almas que superavam os desafios e eram consideradas dignas não apenas alcançavam a vida eterna, mas também experimentavam uma existência idealizada no Campo de Juncos, onde o trabalho e as dificuldades da vida terrena eram substituídos pela abundância e pela paz. Essa visão utópica do além ilustrava a crença egípcia na continuidade da vida e na recompensa para aqueles que viviam de acordo com os valores de verdade, justiça e equilíbrio.

A dualidade do Duat – como um lugar tanto de perigos quanto de recompensas – refletia a complexidade da relação dos egípcios com a morte e o além. Essa concepção multifacetada do submundo servia não apenas como um guia espiritual para a vida após a morte, mas também como um código moral que incentivava os indivíduos a viverem de maneira ética e virtuosa. Atravessar o Duat com sucesso significava mais do que escapar dos perigos: era a consagração do esforço humano em alcançar um estado de plenitude espiritual e união com o divino.

O Duat, o enigmático submundo da mitologia egípcia, era concebido como uma dimensão complexa, ao mesmo tempo sombria e repleta de significados espirituais. Mais do que um lugar de descanso eterno, ele simbolizava a jornada da alma em busca da purificação, da transformação e da imortalidade. Para os antigos egípcios, a morte não era o fim, mas o início de uma travessia cheia de desafios, repleta de obstáculos e testes que determinariam o destino final da alma. A geografia do Duat refletia essa dualidade entre perigo e esperança, apresentando rios, campos, montanhas e cidades, mas em uma forma envolta em mistério, onde o comum se mesclava ao sobrenatural.

Textos funerários como o **"Livro dos Mortos"** e o **"Livro das Portas"** ofereciam uma descrição detalhada do submundo. O Duat era retratado como um vasto labirinto subterrâneo, dividido em regiões e níveis, cada um guardado por criaturas míticas e entidades divinas. Esse labirinto era habitado por serpentes flamejantes, crocodilos gigantes, esfinges imponentes e demônios de formas híbridas, todos encarregados de proteger os segredos do submundo e de testar as almas que ousavam atravessá-lo. Cada uma dessas criaturas representava não apenas obstáculos físicos, mas também os medos e fraquezas que a alma precisava superar para alcançar a redenção.

A jornada pelo Duat começava com a entrada da alma nesse mundo subterrâneo, frequentemente guiada por deuses como **Anúbis**, o protetor das almas, e **Osíris**, o soberano do submundo. Durante essa travessia, a alma era desafiada por provas que testavam sua coragem, sabedoria e pureza. Por exemplo, havia passagens guardadas por deuses e demônios que exigiam que a alma soubesse seus nomes e pronunciasse palavras mágicas específicas para prosseguir. Essa exigência simbolizava a importância do conhecimento espiritual e das ações virtuosas na vida terrena como chaves para o progresso na vida após a morte.

Uma das etapas mais icônicas do Duat era o encontro com o **"Salão das Duas Verdades"**, onde ocorria o julgamento final da alma. Nesse momento, Anúbis conduzia o falecido até a presença de **Maat**, a deusa da verdade e da justiça cósmica, enquanto o tribunal de Osíris observava o julgamento. No centro do salão, uma balança sagrada era usada para pesar o coração do falecido contra a pena de Maat. O coração, considerado o repositório das ações e intenções do indivíduo, deveria ser leve, livre de impurezas e transgressões. Caso o coração fosse mais leve ou igual à pena, a alma era considerada digna de entrar no **Campo de Juncos**, o paraíso egípcio, onde desfrutaria de uma existência eterna de paz, abundância e felicidade. No entanto, se o coração fosse pesado por pecados e faltas, ele seria devorado por **Ammit**, a "Devoradora de Almas", uma criatura temível que personificava o esquecimento eterno e a aniquilação da existência.

Além de ser um lugar de julgamento, o Duat também era uma dimensão de esperança e renascimento. Sob a regência de Osíris, que personificava o ciclo da vida, morte e renovação, o submundo representava a possibilidade de transformação espiritual. Para aqueles que superavam os desafios e provações, o Duat não era um fim, mas uma transição para uma existência idealizada. O **Campo de Juncos**, para onde eram conduzidas as almas puras, era descrito como um paraíso onde o trabalho árduo e as dificuldades da vida terrena eram substituídos por uma abundância sem fim. Esse campo era retratado como um lugar de beleza e tranquilidade, onde a alma podia viver em comunhão com os deuses e os antepassados, em uma existência harmoniosa e plena.

A travessia pelo Duat, com seus perigos e recompensas, refletia não apenas o destino espiritual da alma, mas também a jornada da própria vida. O submundo era uma metáfora para os altos e baixos, os desafios e as escolhas que moldavam o caráter e o destino de cada indivíduo. Ao enfrentar as provas do

Duat, a alma não apenas provava sua pureza, mas também reafirmava os valores centrais da cultura egípcia: verdade, justiça e equilíbrio. Esses princípios, encarnados na figura de Maat, eram o alicerce tanto da ordem cósmica quanto do comportamento humano, e sua observância garantia não apenas a harmonia na vida terrena, mas também a recompensa no além.

A arte egípcia funerária, encontrada em tumbas e sarcófagos, reforçava essa visão multifacetada do Duat. Em algumas representações, o submundo era retratado como um lugar sombrio e perigoso, com criaturas ameaçadoras espreitando nas sombras. Em outras, ele era descrito como um ambiente de serenidade e beleza, onde as almas que haviam triunfado em sua jornada encontravam paz e prosperidade. Essa dualidade refletia a natureza do submundo como um lugar de transição, onde os perigos serviam como um meio de purificação e os desafios eram recompensados com a renovação espiritual.

O papel de Osíris como soberano do Duat era central nessa visão. Sua presença no submundo simbolizava a promessa de vida após a morte e a possibilidade de ressurreição. Como um deus que havia experimentado a morte e renascido, Osíris oferecia às almas um exemplo de triunfo sobre a mortalidade, reforçando a ideia de que a vida eterna era acessível àqueles que viviam de acordo com os preceitos divinos.

O Duat, portanto, era mais do que um simples cenário mitológico. Ele representava a essência da crença egípcia na continuidade da existência e no poder transformador da morte. Era um lugar onde a alma era testada, purificada e finalmente recompensada por sua virtude e resiliência. Para os egípcios, atravessar o Duat não era apenas uma questão de sobrevivência, mas uma oportunidade de alcançar a plenitude espiritual e a união com o divino. Essa visão complexa do submundo reforçava a importância de uma vida justa e virtuosa, ao mesmo tempo que oferecia consolo e esperança diante do mistério da morte, revelando a extraordinária profundidade e sofisticação da espiritualidade egípcia.

O Duat, com sua intricada combinação de perigos e promessas, encarnava a dualidade central da visão egípcia sobre a existência. Para além de suas criaturas míticas e desafios arrepiantes, ele era um espaço de profunda transformação, onde cada alma era confrontada não apenas com forças externas, mas com seus próprios medos, virtudes e transgressões. As provas, concebidas como um reflexo da ordem cósmica, demandavam da alma uma compreensão de si mesma e de seu lugar no universo, reafirmando os valores essenciais da cultura egípcia. Mais do que um submundo, o Duat era um espelho espiritual, revelando as verdades mais profundas de quem o atravessava.

Ao final da jornada, aqueles que triunfavam encontravam no Campo de Juncos a recompensa pela vida vivida em conformidade com Maat. Esse paraíso de abundância e serenidade simbolizava não apenas o descanso eterno, mas a celebração da justiça divina e do renascimento espiritual. Para os egípcios, a travessia bem-sucedida do Duat não era apenas um prêmio individual, mas também a reafirmação da ordem cósmica, garantida pela interação harmoniosa entre os vivos, os mortos e os deuses. Essa crença oferecia aos vivos um guia moral claro e uma esperança inabalável de continuidade e realização no além.

A imagem do Duat, com seus perigos e sua promessa final de paz, traduzia a visão de mundo dos egípcios: a existência era uma jornada desafiadora, mas repleta de significado. O submundo era um lembrete poderoso de que a morte não era o fim, mas uma transição para algo maior, onde o esforço, o conhecimento e a virtude eram recompensados com a eternidade ao lado do divino. Assim, o Duat se erguia como um símbolo da resiliência humana diante do desconhecido, um espaço onde o medo e a esperança coexistiam, moldando a alma até sua gloriosa transformação final.

# Capítulo 15
# Perigos do Duat

A travessia pelo Duat, o submundo egípcio, era uma jornada de coragem e provação, onde a alma enfrentava forças hostis e desafios que testavam sua pureza e determinação. Esse reino, descrito como um labirinto repleto de escuridão e mistérios, simbolizava tanto os perigos da morte quanto a possibilidade de redenção e ascensão espiritual. A cada etapa, a alma era confrontada por forças adversas – criaturas monstruosas, paisagens inóspitas e julgamentos severos –, que representavam os aspectos mais temidos e imprevisíveis do universo. O sucesso nessa jornada exigia mais do que bravura: era necessária uma preparação espiritual cuidadosa, conhecimento das passagens e a proteção de feitiços e amuletos cuidadosamente elaborados.

Os habitantes do Duat eram uma ameaça constante. Criaturas míticas de formas grotescas, como serpentes de fogo e crocodilos gigantes, guardavam os caminhos e atacavam as almas despreparadas. Essas figuras não eram apenas barreiras físicas, mas manifestações simbólicas dos medos humanos e das forças destrutivas que poderiam impedir a evolução espiritual. Ammit, a "Devoradora de Almas", era uma das mais temidas figuras do submundo. Com sua aparência híbrida – cabeça de crocodilo, torso de leoa e quadris de hipopótamo –, ela era a personificação do esquecimento eterno. Sua presença no julgamento final lembrava que o fracasso não significava apenas a perda da vida eterna, mas também a aniquilação completa da identidade da alma.

Além das criaturas, a geografia do Duat amplificava os perigos. Rios de fogo, lagos ferventes e desertos infinitos formavam barreiras quase intransponíveis, enquanto montanhas e portões selados exigiam da alma uma determinação inabalável. Esses obstáculos simbolizavam tanto os desafios externos quanto os internos, representando a necessidade de superar os próprios medos e falhas. A escuridão era outro elemento crucial do Duat, uma metáfora para o desconhecido e para os momentos de dúvida enfrentados na jornada espiritual. Superar essa escuridão, encontrando o caminho certo, era um reflexo da busca por clareza e equilíbrio em meio às adversidades.

Apesar dos perigos, o Duat não era apenas um lugar de punição e sofrimento, mas também um espaço de justiça e renascimento. Deuses como Osíris, Maat e Thot desempenhavam papéis fundamentais ao julgar e guiar as almas, assegurando que cada indivíduo recebesse o destino que merecia. Maat, a deusa da verdade, determinava se a alma estava em harmonia com os princípios da ordem cósmica, enquanto Thot, o escriba divino, registrava os resultados do julgamento com imparcialidade. O coração do falecido era pesado contra a pena de Maat, e apenas aqueles cujos corações fossem leves e puros conseguiam seguir para o Campo de Juncos, o paraíso. Essa etapa do julgamento era tanto uma culminação das escolhas de vida do indivíduo quanto uma validação do sistema moral egípcio, que exigia equilíbrio e retidão em todas as ações.

A preparação para os perigos do Duat começava ainda em vida. O "Livro dos Mortos" e outros textos funerários ofereciam mapas e feitiços para ajudar o falecido a navegar pelas regiões do submundo, enquanto amuletos e oferendas garantiam proteção adicional. Os egípcios também acreditavam que a recitação da confissão negativa, onde a alma declarava sua inocência diante dos deuses, ajudava a afastar punições e a demonstrar alinhamento com os valores divinos. Assim, a jornada pelo Duat não era apenas um teste de sobrevivência, mas uma demonstração de que o indivíduo havia vivido de acordo com os princípios que garantiam a continuidade da vida, tanto no mundo físico quanto no espiritual.

Essa visão do Duat revela uma profunda reflexão sobre a relação entre vida, morte e transcendência. Os perigos do submundo não eram apenas obstáculos, mas oportunidades de transformação, desafiando as almas a provarem sua força e merecimento. Para os egípcios, o sucesso no Duat significava mais do que alcançar a vida eterna: era a confirmação de que, mesmo diante das forças mais sombrias, a luz da virtude e da verdade poderia prevalecer.

A travessia pelo Duat era vista pelos antigos egípcios como uma jornada repleta de desafios e ameaças que testavam os limites da alma, tanto física quanto espiritualmente. Esse submundo, descrito como um lugar de escuridão e mistérios, apresentava perigos que iam desde criaturas monstruosas até paisagens inóspitas e armadilhas sobrenaturais. Mais do que simples obstáculos, esses perigos eram interpretações simbólicas dos medos humanos e das forças destrutivas que poderiam barrar o progresso espiritual. Superar o Duat significava muito mais do que escapar ileso; era uma prova de merecimento para alcançar a vida eterna no Campo de Juncos.

As criaturas mitológicas que habitavam o Duat eram uma constante ameaça à alma do falecido. Serpentes gigantes, com presas flamejantes, rastejavam pelas sombras, enquanto crocodilos vorazes e escorpiões venenosos aguardavam para atacar os desavisados. Essas criaturas não eram apenas manifestações físicas do perigo, mas também representavam as forças caóticas e destrutivas que precisavam ser superadas para alcançar a harmonia espiritual. Uma das figuras mais temidas era Ammit, a "Devoradora de Almas", cujo corpo misturava as partes mais ameaçadoras de animais como o crocodilo, a leoa e o hipopótamo. Sua presença no julgamento final simbolizava o medo do esquecimento eterno e da aniquilação completa da essência da alma. Aqueles que falhavam no julgamento de Maat tinham seus corações devorados por Ammit, encerrando para sempre sua existência espiritual.

Além das criaturas, a própria geografia do Duat amplificava os desafios enfrentados pela alma. Lagos de fogo ardiam incessantemente, enquanto rios de sangue e desertos infinitos testavam a resistência e a determinação do viajante. Montanhas íngremes e portões trancados impediam o avanço, exigindo coragem e sabedoria para serem superados. Esses elementos não apenas representavam obstáculos físicos, mas também simbolizavam as dificuldades internas que a alma precisava vencer – como medos, dúvidas e arrependimentos – para alcançar a paz. A escuridão que permeava o Duat era uma metáfora poderosa para o desconhecido e para a necessidade de encontrar clareza em meio à confusão e ao desespero.

Mesmo assim, o Duat não era apenas um lugar de punição e sofrimento. Ele também oferecia oportunidades de redenção e esperança. Deuses como Osíris, Maat e Thot desempenhavam papéis cruciais ao orientar e julgar as almas, assegurando que cada uma recebesse um destino justo e alinhado com suas ações em vida. **Maat**, a deusa da verdade, era a personificação da ordem cósmica e determinava se a alma havia vivido de acordo com os princípios de harmonia e justiça. Seu julgamento era baseado na comparação do coração do falecido com sua pena, um teste que simbolizava a pureza e a retidão do indivíduo. **Thot**, o escriba divino, anotava os resultados com imparcialidade, enquanto **Osíris**, o rei do submundo, presidia o tribunal e decidia o destino final da alma. Para aqueles cujos corações eram leves e puros, a recompensa era a entrada no Campo de Juncos, um paraíso de abundância e tranquilidade. Para os que falhavam, restava apenas o esquecimento eterno.

A preparação para enfrentar os perigos do Duat começava ainda em vida. Textos funerários como o "Livro dos Mortos" serviam como guias indispensáveis para as almas, fornecendo feitiços, instruções e mapas do submundo. Esses textos eram cuidadosamente escritos e muitas vezes ilustrados em papiros ou nas paredes das tumbas, garantindo que o falecido tivesse o conhecimento necessário para navegar pelas regiões do Duat. Entre as passagens mais importantes estavam encantamentos que ajudavam a acalmar criaturas hostis, abrir portões fechados e superar armadilhas. Além disso, os egípcios utilizavam amuletos e talismãs, que eram colocados no corpo mumificado ou nas tumbas, como proteção adicional contra os perigos. O **Olho de Hórus**, por exemplo, era um dos amuletos mais poderosos, simbolizando cura, proteção e força espiritual.

Outro elemento essencial da preparação era a recitação da **Confissão Negativa**, um conjunto de declarações que o falecido fazia diante do tribunal de Osíris. Nessa confissão, a alma afirmava não ter cometido uma série de atos impuros, como roubo, assassinato ou traição, demonstrando que havia vivido em conformidade com os princípios de Maat. Essa prática não apenas purificava a alma, mas também reforçava a importância de viver uma vida ética e justa, garantindo que o indivíduo estivesse espiritualmente preparado para a jornada pelo submundo.

Apesar de sua atmosfera ameaçadora, o Duat era também um lugar de renovação e transcendência. Superar os perigos do submundo significava provar a força interior e a pureza da alma, demonstrando que ela era digna de renascer em um estado glorificado. A jornada pelo Duat era, em muitos aspectos, uma metáfora para a própria vida, com seus desafios e escolhas constantes. Assim como na vida terrena, onde era necessário manter-se alinhado aos valores de verdade, equilíbrio e justiça, a travessia pelo submundo exigia da alma resiliência, sabedoria e determinação.

Essa visão dos perigos do Duat revela muito sobre a relação dos egípcios com a morte e o além. Para eles, a vida após a morte não era um estado garantido, mas algo que precisava ser conquistado. A preparação para essa jornada não se limitava aos rituais funerários; ela começava com a conduta na vida cotidiana, que moldava o destino espiritual do indivíduo. Os perigos do submundo, embora assustadores, não eram obstáculos insuperáveis, mas desafios que proporcionavam transformação e crescimento espiritual. Ao superá-los, a alma não apenas assegurava sua entrada no paraíso, mas também reafirmava o poder da virtude e da verdade diante das forças mais sombrias.

O Duat, com sua mistura de perigos e promessas, era mais do que um lugar mítico; era uma representação da luta eterna entre ordem e caos, entre luz e escuridão. Atravessá-lo era a consagração do esforço humano em buscar um estado superior de existência, onde a alma se unia ao divino e alcançava a plenitude eterna. Para os egípcios, essa travessia era um lembrete de que, mesmo nos momentos mais desafiadores, a coragem, o conhecimento e a virtude poderiam iluminar o caminho para a imortalidade.

Os perigos do Duat não apenas testavam a alma do falecido, mas também reafirmavam a importância dos princípios que regiam a vida terrena dos egípcios. Cada serpente de fogo, lago fervente ou criatura híbrida que desafiava o viajante espiritual era uma manifestação dos medos mais profundos da humanidade, mas também uma oportunidade para a alma transcender suas limitações e provar sua retidão. Essa travessia refletia o entendimento de que a vida após a morte era um reflexo direto da conduta em vida, onde o alinhamento com os valores de Maat oferecia a força necessária para superar até mesmo os desafios mais sombrios do submundo.

No coração do Duat, os deuses não eram apenas juízes distantes, mas guias e testemunhas da transformação das almas. Osíris, o soberano do submundo, representava a promessa de renascimento, enquanto Maat personificava a ordem que sustentava o cosmos. Esses deuses ofereciam não apenas julgamento, mas também esperança. Por meio de suas ações justas, eles mostravam que, embora o Duat fosse repleto de provações, ele também era um caminho para o renascimento e para a união com o divino. A travessia não era uma punição inevitável, mas um convite para que a alma provasse seu merecimento e sua harmonia com as leis cósmicas.

Ao final da jornada, o Duat revelava sua verdadeira essência: não apenas um lugar de perigos e sombras, mas uma arena de superação e renovação espiritual. Cada alma que triunfava sobre os desafios se tornava um reflexo da força e da luz que, segundo os egípcios, residiam no âmago da existência. Mais do que um reino de provações, o Duat era uma metáfora da própria vida, com seus altos e baixos, suas escolhas e consequências. Vencê-lo era garantir não apenas a eternidade no Campo de Juncos, mas também a celebração de uma existência vivida em equilíbrio e verdade.

# Capítulo 16
# Livro dos Mortos

O "Livro dos Mortos" representava muito mais do que uma simples coletânea de textos funerários; ele era uma ferramenta vital e profundamente simbólica na busca pela eternidade. Composto por feitiços, hinos e orações cuidadosamente elaborados, esse compêndio revelava o intrincado sistema de crenças dos antigos egípcios sobre a vida após a morte, funcionando como um verdadeiro roteiro espiritual para guiar a alma do falecido através dos mistérios do Duat, o submundo egípcio. Esses textos não apenas garantiam proteção contra os perigos do além, mas também forneciam instruções detalhadas para que a alma pudesse superar os desafios impostos pelos deuses, acessar as portas do paraíso e garantir sua transformação em um ser eterno e luminoso. Cada detalhe do "Livro dos Mortos", desde a escrita em papiros decorados até os complexos feitiços, era impregnado de significado religioso e cultural, espelhando a profunda conexão entre os vivos e os mortos na visão egípcia de mundo.

Entre os muitos aspectos que tornam o "Livro dos Mortos" fascinante, destaca-se sua capacidade de adaptar-se às necessidades e aspirações de cada indivíduo, refletindo o status social, os valores e os desejos pessoais do falecido. Ao contrário de um manual uniforme, os textos variavam amplamente, sendo selecionados e organizados de acordo com as crenças e condições de quem os encomendava. Essa flexibilidade permitia que o "Livro dos Mortos" fosse tanto um documento profundamente personalizado quanto um reflexo da sociedade egípcia em sua totalidade, com suas complexas relações entre religião, espiritualidade e cultura. Mais do que um mero amontoado de feitiços, ele simbolizava a busca por harmonia e justiça, princípios representados pela deusa Maat, cujo conceito de ordem cósmica permeava todas as etapas da jornada pelo além.

A influência do "Livro dos Mortos" transcende seu propósito original, funcionando como um testemunho atemporal da criatividade e da espiritualidade egípcia. Suas passagens não apenas narram uma viagem pelo submundo, mas também oferecem insights profundos sobre a maneira como os egípcios concebiam a morte, o renascimento e a eternidade. Os textos, ilustrados com minúcias artísticas e acompanhados de rica iconografia, não serviam apenas como guias para os mortos, mas também como obras que celebravam a crença na continuidade da vida e na possibilidade de transcendência. Este legado, que atravessou milênios, continua a intrigar estudiosos e a inspirar reflexões sobre a universalidade do desejo humano de compreender e vencer a mortalidade.

Os textos do "Livro dos Mortos" revelavam aspectos profundamente intrincados e simbólicos da visão egípcia sobre a vida após a morte, mergulhando em temas como o julgamento final no Tribunal de Osíris, a pesagem do coração contra a pena de Maat, e a confissão negativa, que eram centrais no processo de purificação e aceitação da alma no além. No Tribunal de Osíris, o falecido enfrentava um julgamento meticuloso que determinava sua dignidade para entrar no paraíso. Este julgamento era simbolizado pela pesagem do coração, um momento de imensa importância em que o coração do morto era colocado em uma balança e contrabalançado pela pena de Maat, a deusa da verdade, justiça e ordem cósmica. Esse ato não era meramente simbólico, mas carregava o peso literal da conduta do indivíduo em vida. Um coração leve, em equilíbrio com a pena, assegurava que o falecido tinha vivido em harmonia com os princípios de Maat e, portanto, merecia a vida eterna. Em contraste, um coração pesado de más ações poderia condenar a alma ao esquecimento ou à destruição por Ammit, a devoradora de almas. Este ritual era a culminação de um percurso de desafios e provações que exigiam tanto sabedoria quanto pureza moral.

    Dentro desse contexto, a confissão negativa desempenhava um papel fundamental. Conhecida como o "Feitiço 125", esta passagem representava um momento solene em que a alma do falecido recitava, diante de Osíris e de um conselho de quarenta e dois juízes, uma série de negações de pecados. Cada declaração era uma afirmação de inocência, como "Não roubei", "Não matei", "Não menti" e "Não desrespeitei os deuses". Essas palavras não apenas ajudavam a purificar a alma, mas também atuavam como uma espécie de contrato espiritual, reafirmando o compromisso do indivíduo com a verdade e a ordem divina. O recitar deste feitiço, cuidadosamente memorizado ou inscrito no papiro que acompanhava o corpo, era um ato de profunda reverência e fé, destinado a assegurar a passagem para o reino dos abençoados.

Os feitiços do "Livro dos Mortos" iam além do julgamento e da confissão; eles ofereciam também ferramentas mágicas e transformadoras que permitiam à alma enfrentar os perigos do Duat e alcançar a eternidade. Um exemplo notável é o "Feitiço 43", que proporcionava à alma a habilidade de se transformar em diferentes animais, adaptando-se aos desafios que encontrasse no submundo. A metamorfose em um pássaro, por exemplo, permitia à alma sobrevoar terrenos difíceis e alcançar alturas divinas, enquanto a transformação em crocodilo facilitava a travessia dos rios traiçoeiros do submundo. Esses animais não eram escolhidos aleatoriamente, mas carregavam significados simbólicos profundos, representando proteção, poder e sabedoria. A capacidade de mudar de forma simbolizava a adaptabilidade e o domínio sobre as forças do além, garantindo que a alma estivesse preparada para qualquer obstáculo que surgisse.

Além dos feitiços, os hinos e orações eram componentes essenciais do "Livro dos Mortos". Esses textos exaltavam os deuses, pedindo sua proteção e favor durante a jornada. Acreditava-se que conhecer os nomes e epítetos dos deuses conferia à alma um poder especial, conectando-a diretamente às forças divinas. Os hinos também eram ricos em descrições do paraíso, pintando-o como um lugar de beleza e harmonia, onde a alma poderia viver em paz e plenitude. As palavras cuidadosamente escolhidas evocavam imagens de campos verdejantes, águas puras e um banquete eterno, inspirando esperança e coragem na alma que buscava a vida eterna. Ao recitar ou portar essas orações, o falecido reforçava sua conexão espiritual com os deuses e consolidava sua preparação para enfrentar os mistérios do além.

O "Livro dos Mortos" não era apenas um guia espiritual; era também um reflexo vibrante da cultura e da religião egípcia. Cada papiro era meticulosamente preparado, com ilustrações detalhadas e caligrafia cuidadosa, evidenciando a reverência e o valor atribuídos a esses textos. Os desenhos, muitas vezes coloridos e ricos em simbolismo, não só embelezavam os manuscritos, mas também serviam como representações visuais das instruções e dos conceitos descritos nos feitiços e hinos. A figura de Osíris, por exemplo, era frequentemente retratada com sua coroa atef e pele verde, simbolizando renascimento e fertilidade. Outros deuses, como Anúbis e Hórus, apareciam em cenas de proteção e triunfo, enfatizando a importância da colaboração divina na jornada da alma.

Os textos também eram profundamente personalizados, refletindo as crenças e aspirações individuais do falecido. Dependendo do status social e das preferências pessoais, o "Livro dos Mortos" podia variar amplamente em conteúdo e forma. Enquanto os mais abastados podiam encomendar papiros elaborados, com extensos feitiços e ilustrações ricas, os menos favorecidos confiavam em versões mais simples, mas ainda impregnadas de significado espiritual. Essa flexibilidade fazia do "Livro dos Mortos" não apenas um artefato religioso, mas também um espelho da sociedade egípcia, destacando a interseção entre espiritualidade, arte e vida cotidiana.

A riqueza dos textos do "Livro dos Mortos" transcende o tempo, oferecendo um vislumbre profundo da forma como os egípcios encaravam a morte e a eternidade. Mais do que um compêndio de feitiços, ele era uma celebração da crença na continuidade da vida, na transformação e na possibilidade de transcendência. Mesmo milênios depois, seus ensinamentos e imagens continuam a cativar estudiosos e a inspirar reflexões sobre o desejo universal de compreender e superar a mortalidade.

Embora o "Livro dos Mortos" fosse amplamente conhecido como uma ferramenta destinada ao além, ele também desempenhava um papel crucial na vida dos vivos. Os textos e rituais associados a ele não apenas preparavam o falecido para sua jornada espiritual, mas serviam como um lembrete constante aos vivos sobre a importância de uma vida guiada pelos princípios de Maat. Ao refletirem sobre o destino da alma e o julgamento final, os egípcios eram incentivados a buscar a harmonia e a justiça em suas próprias vidas, garantindo que suas ações deixassem um legado digno e equilibrado. Assim, o "Livro dos Mortos" não era apenas um guia para o pós-vida, mas um manifesto ético que moldava a sociedade egípcia como um todo.

A interseção entre arte, espiritualidade e cotidiano, evidente nos papiros ricamente decorados, revelava como os egípcios compreendiam sua existência como um ciclo contínuo entre a vida e a morte. Cada detalhe das ilustrações e inscrições simbolizava não apenas a viagem individual pelo Duat, mas também a conexão entre o mundo físico e o divino. O equilíbrio entre esses mundos era representado de forma vibrante nos textos, reforçando a crença de que o cumprimento dos deveres terrenos reverberava no cosmos. A preservação desse conhecimento, cuidadosamente transmitido ao longo das gerações, era um testemunho do respeito dos egípcios pelo passado e sua esperança no futuro.

Mesmo em tempos modernos, o "Livro dos Mortos" continua a inspirar e provocar questionamentos. Seu legado ultrapassa os limites da cultura egípcia, evocando reflexões universais sobre o mistério da morte e a busca pela transcendência. Ao desvelar as complexidades do pensamento espiritual egípcio, os textos nos convidam a revisitar as nossas próprias concepções sobre o significado da vida e da morte. Assim, o "Livro dos Mortos" permanece não apenas como um artefato arqueológico, mas como um símbolo eterno da busca humana por significado, transformação e eternidade.

# Capítulo 17
# Julgamento Final

O Tribunal de Osíris simbolizava a expressão máxima do conceito egípcio de justiça e equilíbrio cósmico, refletindo a convicção de que a conduta de um indivíduo em vida determinava sua permanência na eternidade. Este momento crucial transcendia a mera formalidade, sendo considerado a prova definitiva do caráter da alma diante das forças divinas que governavam a ordem universal. A cerimônia no Salão das Duas Verdades representava não apenas um julgamento, mas uma análise profunda do coração, que era visto como o repositório das ações, intenções e verdades vividas pelo falecido. Nesse cenário, a verdade não era apenas uma virtude, mas a essência do que tornava a alma digna de alcançar a imortalidade.

A preparação para este evento era um processo tanto espiritual quanto moral, refletindo a crença de que cada decisão tomada em vida influenciava diretamente o resultado do julgamento. Os egípcios acreditavam que seguir os princípios de Maat – a personificação da verdade, da justiça e da harmonia – era essencial para manter o equilíbrio entre os mundos físico e espiritual. Assim, o julgamento final não se resumia a punir os pecadores ou recompensar os virtuosos, mas a restabelecer o equilíbrio cósmico que havia sido perturbado por transgressões. Este compromisso com a verdade e a justiça não apenas moldava a vida cotidiana, mas também definia o ideal de uma sociedade regida por valores éticos.

Mais do que um simples ritual religioso, o julgamento simbolizava a oportunidade de redenção, evidenciando a visão dos antigos egípcios sobre a transformação e o renascimento. Mesmo diante de falhas cometidas em vida, a alma podia aspirar à absolvição ao demonstrar sincero arrependimento e compromisso com a verdade. Esse aspecto revelava uma compreensão profunda sobre a natureza humana e sua capacidade de mudança, enfatizando que a redenção não estava apenas na perfeição moral, mas na disposição de reconhecer erros e buscar a purificação. Dessa forma, o Tribunal de Osíris não apenas separava os justos dos iníquos, mas oferecia à alma a possibilidade de reconciliar-se com os princípios eternos que sustentavam a existência.

A cerimônia do julgamento, tão detalhadamente descrita no "Livro dos Mortos" e em outras fontes da tradição egípcia, era uma experiência de profundo simbolismo e importância espiritual. Neste ritual, a alma do falecido era conduzida por Anúbis, o deus com cabeça de chacal e guardião das tumbas, até a presença das forças divinas que regeriam seu destino. Anúbis, com sua postura imponente e olhar penetrante, assumia o papel de guia e protetor, certificando-se de que a alma estivesse preparada para o momento mais crucial de sua existência. Diante da balança de Maat, o coração do falecido era retirado e cuidadosamente colocado em um dos pratos da balança, enquanto, no outro, repousava a pena de Maat, símbolo absoluto da verdade, da justiça e do equilíbrio cósmico.

Thot, o deus da sabedoria, com sua pele esverdeada e sua icônica cabeça de íbis, observava o processo com a seriedade de um escriba divino, anotando minuciosamente os resultados da pesagem em seus registros sagrados. Seu papel ia além de simples observador: ele era o guardião da precisão e da justiça, garantindo que nenhum erro comprometesse o destino da alma. O coração, considerado o repositório das memórias e das emoções, refletia a essência do falecido. Caso fosse mais leve que a pena, significava que a alma havia levado uma vida virtuosa, em conformidade com os preceitos de Maat, e estava apta a entrar no paraíso, um reino eterno de harmonia e abundância. No entanto, se o coração fosse mais pesado, carregado pelo peso de más ações, a condenação era inevitável: a alma seria devorada por Ammit, a temida "Devoradora de Almas", uma criatura híbrida com cabeça de crocodilo, corpo de leão e traseiro de hipopótamo. Esse ato de devoração simbolizava o esquecimento e a aniquilação definitiva, o oposto da continuidade e da vida eterna.

Antes de enfrentar a pesagem, a alma deveria recitar a "Confissão Negativa", um feitiço cuidadosamente transcrito no "Livro dos Mortos" e essencial para o processo de purificação. Este momento solene era marcado pela declamação de uma série de declarações diante de Osíris, o senhor do submundo, e de quarenta e dois juízes que personificavam aspectos das leis cósmicas e da ordem divina. A confissão era composta por frases afirmativas de inocência, como "Não roubei", "Não matei", "Não causei sofrimento", "Não menti" e "Não desrespeitei os deuses". Ao enunciar essas palavras, a alma não apenas reafirmava sua inocência, mas também buscava purificar-se das falhas que poderiam ter manchado sua existência terrena. A repetição desses votos era carregada de significado: cada sentença negada representava uma reconciliação com os princípios divinos de harmonia, restaurando o equilíbrio que poderia ter sido quebrado em vida.

No entanto, o julgamento não se restringia a uma análise das ações do falecido, mas também avaliava sua sinceridade, sua fé e sua compreensão dos princípios que governavam o universo. A alma era interrogada pelos juízes, que buscavam compreender não apenas o que havia sido feito em vida, mas também o coração com que cada ato fora praticado. Era necessário demonstrar que havia vivido de acordo com os princípios de Maat, respeitando não apenas os deuses, mas também os outros seres humanos e o mundo natural. Para os antigos egípcios, o arrependimento genuíno era uma virtude elevada, e acreditava-se que até mesmo uma alma marcada por falhas poderia alcançar a redenção ao reconhecer seus erros e comprometer-se a seguir o caminho da verdade. Essa crença demonstrava uma percepção sofisticada e compassiva sobre a natureza humana e a possibilidade de transformação, mesmo após a morte.

O momento do julgamento era carregado de tensão e expectativa. A alma, diante das forças divinas e da balança de Maat, experimentava um misto de ansiedade e esperança, pois o resultado desse processo definiria o destino eterno. Para muitos, esse era o ápice da jornada espiritual: a confirmação de que os esforços feitos em vida, a devoção aos deuses e o compromisso com os princípios de Maat não haviam sido em vão. O paraíso prometido era descrito como um lugar de imensa beleza e harmonia, conhecido como os Campos de Iaru, onde as almas puras podiam desfrutar de uma existência eterna, trabalhando em paz nas férteis terras de Osíris e vivendo em comunhão com os deuses.

Ainda assim, o julgamento não era visto apenas como um momento de possível condenação, mas também como uma oportunidade de redenção. A alma que reconhecia suas falhas e demonstrava arrependimento sincero podia alcançar a graça de Osíris e superar os desafios do submundo. Essa perspectiva revelava um aspecto profundamente esperançoso da visão egípcia sobre a vida e a morte: a crença de que o equilíbrio cósmico, uma vez rompido, podia ser restaurado pela humildade e pelo esforço genuíno de corrigir erros.

O Tribunal de Osíris, com sua atmosfera de solenidade e sua complexidade simbólica, transcendia o simples julgamento de almas. Ele era um reflexo dos valores que estruturavam a sociedade egípcia: a justiça, a verdade e a busca incessante por harmonia. A preparação para este momento não era apenas uma prática religiosa, mas um modo de vida, um compromisso diário com os princípios que garantiam o equilíbrio entre o mundo dos vivos e o além. No final, o julgamento no Salão das Duas Verdades representava mais do que um destino final; era uma celebração do potencial humano para transformação, redenção e união com o divino.

Sob a supervisão das forças divinas, o Tribunal de Osíris revelava a complexidade de uma visão de mundo onde justiça e espiritualidade se fundiam de forma inextricável. Cada detalhe da cerimônia simbolizava um aspecto da relação entre o humano e o divino, destacando que o equilíbrio cósmico não era apenas uma abstração, mas uma responsabilidade compartilhada por todas as almas que habitavam o mundo. A balança de Maat, com sua precisão inexorável, tornava-se um espelho da verdade interior, e os deuses presentes atuavam não como meros juízes, mas como guardiões de um sistema que dependia da integridade de cada indivíduo para sustentar a harmonia universal.

A grandiosidade do julgamento, no entanto, também oferecia um espaço de profundo aprendizado. A alma que passava por essa experiência não apenas buscava um veredicto, mas enfrentava um processo de autoconhecimento e reflexão que transcendia a própria morte. Os antigos egípcios, ao contemplarem essa narrativa, viam no Tribunal de Osíris uma metáfora para a vida: um lembrete constante de que a verdade e a justiça deveriam nortear cada ação. Era nesse ponto de encontro entre o terrenal e o eterno que a alma encontrava não apenas seu destino, mas a oportunidade de compreender plenamente seu papel na vasta tapeçaria do cosmos.

Ao final do julgamento, a decisão não era apenas uma conclusão, mas o ponto de partida para um novo estágio da existência. Os Campos de Iaru, com sua promessa de eternidade em um estado de perfeita harmonia, representavam o ideal supremo de realização espiritual, enquanto a devoração por Ammit era o símbolo do esquecimento para aqueles que haviam falhado em honrar a verdade. Esse desfecho não apenas encerrava a jornada da alma, mas consolidava os valores que sustentavam a civilização egípcia, perpetuando a crença de que o compromisso com a verdade, a justiça e a transformação pessoal era o caminho para a imortalidade.

# Capítulo 18
# Confissão Negativa

A Confissão Negativa refletia a essência do pensamento moral e espiritual dos antigos egípcios, estabelecendo um código ético que transcendia as fronteiras da vida terrena para moldar o destino eterno da alma. Não era apenas uma formalidade ritual, mas um testemunho direto das escolhas e ações do falecido, servindo como uma poderosa afirmação de sua adesão aos princípios de Maat, a personificação da verdade, justiça e equilíbrio cósmico. Neste ato solene, a alma se apresentava diante dos deuses e juízes celestiais para declarar sua pureza, rejeitando toda transgressão que pudesse pesar contra seu coração na balança do julgamento. Assim, cada negação não era apenas uma defesa, mas uma celebração dos valores fundamentais que regiam a vida e a convivência na sociedade egípcia.

A recitação das negações não se limitava a uma lista arbitrária de proibições; ela abrangia aspectos fundamentais da vida cotidiana e da responsabilidade social, demonstrando o compromisso dos egípcios com uma vida pautada pela harmonia e respeito mútuo. Declarações como "Não neguei comida aos famintos" e "Não neguei água aos sedentos" revelavam a importância da compaixão e da solidariedade como virtudes essenciais, enquanto "Não roubei" e "Não matei" ressaltavam o valor da integridade e da preservação da vida. Essas afirmações não apenas protegiam o equilíbrio das relações humanas, mas também refletiam o profundo entendimento de que o comportamento individual era intrinsecamente ligado à manutenção da ordem universal. Assim, a Confissão Negativa era tanto um reflexo da vida terrena quanto uma preparação para a jornada espiritual que se desenrolava após a morte.

A sinceridade com que a Confissão Negativa era recitada constituía o aspecto mais crucial desse processo. Para os egípcios, a verdade não era algo superficial ou manipulável, mas uma força cósmica que sustentava o próprio universo. Mentir diante de Osíris e dos quarenta e dois juízes era mais do que um ato de desonestidade; era uma violação do equilíbrio universal que resultaria na condenação da alma. O coração, símbolo da consciência e da memória, era considerado incapaz de esconder a verdade e, portanto, se tornava o juiz final das palavras do falecido. Dessa forma, a Confissão Negativa não era apenas um discurso, mas uma prova de autenticidade que conectava a alma à essência de sua existência terrena e ao seu merecimento espiritual.

Mais do que um simples ritual funerário, a Confissão Negativa encapsulava os ideais de justiça e moralidade que eram centrais à cultura egípcia. Através desse ato, os indivíduos não apenas reafirmavam sua inocência, mas também reforçavam a importância de viver em conformidade com os princípios de Maat. Essa prática revelava uma sociedade profundamente consciente da conexão entre ações e consequências, entre a vida presente e o destino eterno. Ao recitar cada negação, a alma participava de um processo de autoconhecimento e purificação, reafirmando sua integridade e sua disposição de alcançar o paraíso como uma entidade transformada e digna.

A Confissão Negativa era mais do que um simples ritual; ela simbolizava a interseção entre a vida terrena e a busca pela eternidade, funcionando como um reflexo do código ético que moldava a cultura egípcia. Ao recitar essa sequência de negações, a alma do falecido não apenas reivindicava sua inocência, mas reafirmava os princípios de Maat, a deusa que encarnava a verdade e a justiça. A alma se apresentava diante de Osíris e dos quarenta e dois juízes divinos para proclamar que havia vivido uma vida em harmonia com os valores essenciais do equilíbrio cósmico. Cada negação era uma manifestação explícita de sua conduta em vida, uma espécie de inventário moral que estabelecia sua dignidade e o preparava para a continuidade no além.

As declarações proferidas eram amplas e englobavam uma série de virtudes que iam além das interações individuais, abrangendo tanto aspectos pessoais quanto responsabilidades sociais. Negar ações como "Não roubei" e "Não matei" demonstrava o respeito pela integridade e pela vida dos outros, enquanto afirmações como "Não neguei comida aos famintos" e "Não neguei água aos sedentos" ilustravam a importância da compaixão e da solidariedade na vida cotidiana. Esses valores eram centrais na sociedade egípcia, e a recitação dessas virtudes no momento do julgamento final era uma forma de consolidar a conexão entre as ações humanas e a ordem cósmica. Para os egípcios, não bastava apenas existir; era essencial viver de forma que a harmonia do universo fosse mantida.

A sinceridade da alma ao recitar a Confissão Negativa era um dos elementos mais significativos desse processo. O coração do falecido, visto como o repositório das memórias e das intenções, era simultaneamente testemunha e juiz de suas palavras. Mentir diante de Osíris era uma ofensa grave, pois a verdade não era apenas um conceito filosófico, mas uma força que sustentava o cosmos. Qualquer dissimulação ou tentativa de enganar os juízes era imediatamente detectada pela balança de Maat, onde o coração era pesado contra a pena da deusa. A leveza do coração indicava uma vida vivida em conformidade com os princípios de Maat, enquanto um coração pesado revelava transgressões que poderiam condenar a alma à aniquilação pelas garras da terrível Ammit.

O conteúdo das negações era cuidadosamente escolhido para abranger todos os aspectos da vida moral e social, mostrando uma sociedade profundamente preocupada com a justiça e a responsabilidade mútua. A estrutura básica das declarações começava com "Não fiz..." ou "Não cometi...", seguido da negação de um ato específico. Entre os exemplos mais comuns, destacavam-se: "Não roubei", "Não matei", "Não causei sofrimento", "Não desrespeitei os deuses", "Não fui arrogante" e "Não menti". No entanto, outras declarações refletiam preocupações mais amplas, como o cuidado com os necessitados e o respeito pela natureza e pelos animais, como em "Não neguei comida aos famintos" e "Não maltratei animais". Essa amplitude demonstrava que, para os egípcios, a moralidade transcendia os limites pessoais e envolvia uma relação ética com toda a criação.

A Confissão Negativa não era apenas um mecanismo de defesa da alma, mas também um ato transformador. Os egípcios acreditavam que, ao recitar essas palavras, a alma não apenas reafirmava seus valores, mas também se purificava, reconciliando-se com eventuais desvios cometidos em vida. Esse processo era visto como uma oportunidade de arrependimento e renovação. Mesmo aqueles que haviam falhado podiam demonstrar humildade e sinceridade diante dos juízes e, assim, buscar a redenção. Esse entendimento revelava uma visão avançada sobre a natureza humana, reconhecendo que ninguém era perfeito, mas que o desejo de mudar e de se alinhar aos princípios de Maat era suficiente para restaurar a harmonia.

Além do julgamento em si, o ato de recitar a Confissão Negativa era uma experiência de autoconhecimento e introspecção. Cada declaração exigia da alma uma reflexão profunda sobre suas ações e intenções. Era um momento de confronto interno, onde o falecido precisava encarar a verdade sobre quem tinha sido e o que havia feito. Este processo de autoavaliação era, em última análise, uma preparação espiritual para a vida eterna no paraíso. Para os egípcios, a morte não era o fim, mas uma transição, e a Confissão Negativa era uma das etapas mais importantes dessa jornada.

O impacto desse ritual ia muito além do âmbito individual, refletindo a importância da justiça e da ética na sociedade egípcia como um todo. A Confissão Negativa simbolizava o ideal de uma comunidade harmoniosa, onde cada pessoa tinha a responsabilidade de viver de acordo com os princípios que garantiam o equilíbrio cósmico. Através desse ato, os egípcios reafirmavam sua crença de que as ações em vida tinham consequências eternas e que a verdadeira virtude estava em alinhar-se aos valores imutáveis de Maat.

Por fim, a Confissão Negativa era um momento de culminação e esperança. Ao recitar suas negações com sinceridade, a alma tinha a chance de provar seu merecimento para entrar no paraíso, os Campos de Iaru, um reino de beleza e abundância onde a vida eterna aguardava os justos. Este momento representava a realização de uma jornada espiritual que começava na vida terrena e culminava no julgamento final. Assim, a Confissão Negativa não era apenas um rito de passagem, mas uma celebração da moralidade, da justiça e da busca incessante pela harmonia que definia a visão de mundo dos antigos egípcios.

A Confissão Negativa, com seu rigoroso detalhamento de condutas e sua simbologia espiritual, era mais do que um rito destinado à alma do falecido; era um reflexo das aspirações de toda uma cultura por um mundo fundamentado na harmonia e na justiça. Cada palavra proferida na presença dos deuses revelava a profundidade da conexão entre os valores humanos e as forças cósmicas que sustentavam o universo. Por meio desse ato, a alma não apenas buscava validação para sua entrada no paraíso, mas reafirmava os princípios que guiavam a sociedade egípcia, mostrando que a eternidade era conquistada pela prática constante da virtude em vida.

No âmago desse ritual, residia a crença de que nenhuma transgressão era irreversível, desde que houvesse humildade e desejo sincero de se reconciliar com os preceitos de Maat. A Confissão Negativa, assim, também abria espaço para a redenção, uma qualidade que refletia a complexidade da visão egípcia sobre a condição humana. O processo não era isento de julgamento severo, mas demonstrava uma abordagem compassiva, onde o arrependimento e a sinceridade eram reconhecidos como elementos transformadores, capazes de restabelecer o equilíbrio perdido. Para os antigos egípcios, viver segundo os ideais de Maat era um caminho contínuo de aprendizado e aperfeiçoamento.

No desfecho do julgamento, a balança de Maat trazia um veredicto que ia além do destino individual da alma: ela reafirmava a ordem universal. Cada coração pesado que caía nas garras de Ammit era um lembrete do custo de desviar-se da verdade, enquanto cada alma que alcançava os Campos de Iaru simbolizava a recompensa pela virtude e pelo esforço de alinhar-se aos princípios divinos. Assim, a Confissão Negativa não apenas encerrava o ciclo de uma vida, mas consolidava a noção de que a harmonia cósmica dependia do comprometimento coletivo com a justiça, a verdade e a compaixão.

# Capítulo 19
## Destino da Alma

O destino final da alma era a culminação de uma jornada espiritual profundamente enraizada nos valores de justiça, equilíbrio e renovação que permeavam a vida e a religião no antigo Egito. A noção de que cada indivíduo tinha a oportunidade de transcender as limitações terrenas para alcançar uma existência plena no além era tanto uma esperança quanto um reflexo dos princípios universais de Maat, a deusa que simbolizava a ordem cósmica. Este destino não era meramente concedido, mas conquistado por meio de uma vida pautada pela virtude, pela harmonia e pelo respeito às leis divinas. Assim, o julgamento no Tribunal de Osíris era mais do que uma avaliação póstuma; era o desfecho de uma trajetória que interligava a vida terrena com a eternidade.

O "Campo de Juncos", descrito como o paraíso dos bem-aventurados, materializava a visão idealizada de felicidade e realização eterna. Diferente de outras concepções de paraíso que implicam abstração ou transcendência completa, o "Campo de Juncos" era uma réplica ideal do mundo físico, onde a perfeição e a harmonia prevaleciam. Nesse espaço sagrado, as almas não apenas desfrutavam de abundância e beleza, mas também se engajavam em atividades que representavam a continuidade da vida que haviam conhecido, como cultivar campos férteis ou participar de celebrações. Essa perspectiva evidenciava a valorização egípcia da vida cotidiana, na qual o trabalho, os laços familiares e as interações sociais tinham significado profundo. No "Campo de Juncos", a eternidade era não apenas uma promessa, mas uma extensão aperfeiçoada daquilo que era mais caro aos vivos.

Por outro lado, a possibilidade de aniquilação ou condenação eterna representava o contraste necessário para reforçar o peso das ações humanas. Ser devorado por Ammit, a "Devoradora de Almas", era mais do que o fim de uma existência; era a negação da própria individualidade e do potencial de transformação espiritual. Esse destino aterrorizante funcionava como um poderoso lembrete das consequências de uma vida de transgressões. No entanto, o conceito de aniquilação também reforçava a importância da redenção e do arrependimento, pois os egípcios acreditavam que mesmo após a morte havia esperança de purificação, desde que a alma demonstrasse sinceridade ao reconhecer suas falhas e buscar se alinhar aos princípios de Maat.

Além das dicotomias do paraíso e da extinção, as crenças egípcias sobre a alma incluíam destinos alternativos que expressavam a complexidade e a diversidade de seu entendimento sobre o pós-vida. Algumas almas, incapazes de alcançar o paraíso ou o julgamento favorável, podiam vagar pelo mundo dos vivos ou enfrentar provações adicionais no Duat, o submundo. Essas narrativas refletiam não apenas um temor do desconhecido, mas também a profunda introspecção dos egípcios sobre o impacto de suas vidas no equilíbrio cósmico e na comunidade. A ênfase na responsabilidade pessoal e na interdependência entre o mundo terreno e o espiritual tornava o destino da alma uma questão central tanto para o indivíduo quanto para a sociedade.

A perspectiva egípcia sobre o destino final da alma transcendia a punição ou a recompensa; ela era um convite para viver de forma consciente e responsável. A busca pelo equilíbrio entre virtudes e erros, entre ações e intenções, estava no cerne de uma cultura que entendia a vida como uma jornada contínua, onde o presente moldava o eterno. Assim, o destino da alma não apenas encerrava uma história, mas a perpetuava, garantindo que os princípios de Maat continuassem a sustentar o universo e a guiar a humanidade.

O destino final da alma no antigo Egito representava uma visão abrangente e profundamente simbólica da continuidade da vida, sustentada pelos valores universais de justiça, equilíbrio e renovação. Entre os diversos cenários possíveis, a vida eterna no "Campo de Juncos" se destacava como o ideal supremo, um paraíso onde as almas justas encontravam paz e plenitude. Conhecido também como "Campo de Aaru" ou "Sehet-Aaru", esse lugar celestial era descrito como uma réplica perfeita do mundo terreno, mas desprovido de sofrimento, morte ou adversidades. Campos verdejantes estendiam-se por vastas planícies, adornados por rios cristalinos que serpenteavam entre árvores frutíferas e flores perfumadas. Era um lugar de abundância e harmonia, onde a alma vivia cercada de beleza e plenitude.

No "Campo de Juncos", as almas desfrutavam de uma existência ativa e prazerosa, participando de atividades familiares que refletiam a continuidade de sua vida terrena. Elas cultivavam a terra, pescavam nos rios e participavam de banquetes festivos, ao lado de entes queridos que também haviam alcançado a vida eterna. As descrições desse paraíso enfatizavam não apenas a paz e a beleza do ambiente, mas também a valorização das relações humanas e do trabalho honesto, que eram aspectos centrais na cultura egípcia. A vida eterna era, portanto, uma extensão idealizada daquilo que os egípcios consideravam mais precioso em sua existência: o convívio com a família, a interação social e a conexão com a natureza.

Por outro lado, o medo da aniquilação representava um contraste dramático e um poderoso elemento de advertência. Para as almas que falhavam no julgamento no Tribunal de Osíris, cujo coração pesava mais que a pena de Maat, não havia redenção. Esses indivíduos eram condenados à extinção definitiva, devorados por Ammit, a temida "Devoradora de Almas". Essa criatura, uma fusão aterrorizante de crocodilo, leão e hipopótamo, simbolizava o fim absoluto da existência. Ser consumido por Ammit significava não apenas a perda da vida eterna, mas também o apagamento completo da individualidade e da consciência, uma ideia que os egípcios temiam profundamente.

A possibilidade de aniquilação não era apenas um castigo, mas também um incentivo para que os indivíduos seguissem os preceitos de Maat durante sua vida terrena. A honestidade, a compaixão, o respeito aos deuses e o compromisso com a justiça eram virtudes essenciais que garantiam um coração leve e equilibrado na balança do julgamento. Além disso, os egípcios acreditavam que as boas ações acumuladas em vida poderiam contrabalançar os erros cometidos, desde que fossem acompanhadas de arrependimento sincero. Assim, a preparação para a morte e para o julgamento divino era um esforço contínuo, refletido tanto nas práticas religiosas quanto na conduta cotidiana.

Embora o "Campo de Juncos" e a aniquilação fossem os destinos mais conhecidos, as crenças egípcias sobre o pós-vida também incluíam outras possibilidades. Algumas almas, incapazes de alcançar o paraíso ou de serem condenadas à extinção, podiam enfrentar destinos alternativos no Duat, o submundo. Este reino era um lugar de transição, onde a alma podia sofrer tormentos ou purificações, dependendo de sua conduta em vida. Em algumas narrativas, as almas que permaneciam presas no Duat enfrentavam desafios adicionais, como atravessar rios de fogo ou confrontar criaturas monstruosas, antes de serem consideradas dignas de redenção. Para outras, a punição era vagar sem descanso pelo mundo dos vivos, incapazes de encontrar paz ou felicidade.

Esses destinos alternativos refletiam a complexidade das crenças egípcias sobre a vida após a morte e a introspecção que permeava sua visão espiritual. A possibilidade de enfrentar provações adicionais ou de vagar eternamente era vista tanto como uma advertência quanto como uma segunda chance para que a alma se reconciliasse com os princípios de Maat. Mesmo após a morte, os egípcios acreditavam na capacidade de transformação e redenção, desde que a alma demonstrasse sinceridade ao reconhecer suas falhas e buscar um alinhamento com as leis cósmicas.

O destino da alma, portanto, transcendia a simples dicotomia entre recompensa e punição. Ele refletia a profunda conexão entre as ações humanas, a ordem universal e a eternidade. Viver em conformidade com Maat não era apenas um ideal religioso, mas um modo de vida que influenciava todas as esferas da existência. A jornada da alma era vista como uma extensão natural da jornada terrena, e cada decisão tomada em vida tinha implicações diretas para a eternidade.

A crença no destino final da alma moldava não apenas as práticas funerárias, mas também o comportamento e os valores da sociedade egípcia. O esforço para alcançar a vida eterna no "Campo de Juncos" motivava os indivíduos a viver de forma consciente e responsável, cultivando virtudes e contribuindo para a harmonia coletiva. Ao mesmo tempo, o medo da aniquilação ou de outros destinos sombrios reforçava a necessidade de introspecção e arrependimento, incentivando a busca constante pela purificação e pelo equilíbrio.

O "Campo de Juncos", com sua promessa de felicidade eterna, e o peso das consequências de uma vida de transgressões capturavam a essência da visão egípcia sobre a morte e a renovação. Para os antigos egípcios, o destino da alma não era apenas o encerramento de uma história, mas a continuidade de uma jornada em que a vida presente moldava o eterno. Assim, o conceito de destino final ia além da mera recompensa ou castigo, simbolizando a responsabilidade coletiva e individual de sustentar a ordem cósmica e perpetuar os princípios de Maat. A eternidade, nesse contexto, era mais do que uma promessa: era uma escolha.

O destino final da alma, em sua riqueza de significados, refletia a interação íntima entre o humano e o divino, entre a vida terrena e a eternidade. O "Campo de Juncos", como ápice da aspiração espiritual egípcia, simbolizava a realização de um ideal onde o trabalho e os laços humanos se perpetuavam, purificados de qualquer sofrimento. Nesse paraíso, as almas encontravam não apenas um refúgio, mas a continuidade de uma existência digna e plena, vivida sob os princípios de Maat. Era uma visão que celebrava a beleza do cotidiano e do esforço humano, imortalizando o valor das ações virtuosas e das conexões genuínas.

Ao mesmo tempo, a sombra da aniquilação por Ammit era uma advertência implacável que sublinhava o peso das escolhas feitas em vida. Esse contraste, entre a luz do paraíso e a escuridão do esquecimento, não era simplesmente um mecanismo de controle, mas um convite à reflexão profunda sobre o impacto das próprias ações. Para os egípcios, a vida não era um caminho linear; era uma teia de decisões que reverberavam no equilíbrio do universo. Mesmo diante do terror do esquecimento, a possibilidade de redenção e transformação permaneceu como um farol de esperança, demonstrando a compaixão inerente às crenças que regiam o julgamento final.

    Ao encerrar sua jornada, a alma do antigo Egito deixava um legado que transcendia sua própria existência. Seja encontrando descanso eterno no "Campo de Juncos", seja enfrentando provações ou o vazio da aniquilação, cada destino carregava uma mensagem sobre a responsabilidade de viver de acordo com os preceitos de Maat. O destino final da alma não era apenas uma questão espiritual, mas um reflexo dos valores que sustentavam uma sociedade inteira. Dessa forma, o ciclo da vida e da morte se tornava uma história contínua de aprendizado e renovação, em que o eterno não era um fim, mas a perpetuação de um ideal maior.

# Capítulo 20
# Simbolismo Egípcio

O simbolismo egípcio era um elo essencial entre os mundos material e espiritual, uma linguagem visual e metafísica que permitia aos antigos egípcios expressar suas crenças, valores e interpretações sobre a existência. Cada símbolo era cuidadosamente concebido para transmitir significados profundos e múltiplos, entrelaçando conceitos religiosos, sociais e cósmicos em uma narrativa visual que perdurava em templos, tumbas, artefatos e manuscritos sagrados. Mais do que meros ornamentos ou representações decorativas, esses símbolos encapsulavam a essência da visão de mundo egípcia, na qual tudo no universo estava interligado por uma ordem divina e harmônica, regida pelos princípios de Maat, a personificação da verdade e da justiça.

Os animais, por exemplo, eram símbolos de conexão entre a natureza, os deuses e os humanos, refletindo tanto características físicas quanto espirituais. Um único animal podia condensar uma gama de significados e, ao ser associado a uma divindade, tornava-se um intermediário entre o mundo terreno e o divino. O gato, venerado pela sua ligação com Bastet, não representava apenas proteção doméstica, mas também a força regeneradora e a fertilidade. O escaravelho, em sua ligação com Khepri, simbolizava o ciclo incessante do renascimento e do movimento do sol, ilustrando a crença egípcia na renovação contínua. Essa capacidade de sintetizar conceitos abstratos em formas tangíveis fazia dos animais uma peça-chave no simbolismo egípcio, unificando aspectos espirituais e mundanos.

Paralelamente, os símbolos divinos e as cores enriqueciam ainda mais essa complexa teia de significados. O ankh, com seu desenho simples e elegante, transcendeu o simbolismo egípcio para se tornar um ícone universal da vida eterna, enquanto o Olho de Hórus incorporava proteção, cura e poder em uma única imagem que reverberava em amuletos e arte sacra. As cores também desempenhavam papéis fundamentais, oferecendo camadas adicionais de interpretação. O dourado, por exemplo, não era apenas uma cor associada à realeza, mas uma metáfora da imortalidade e da incorruptibilidade, refletindo a essência do sol, o elemento vital que conectava os humanos aos deuses. Essa associação cromática ia além da estética, reafirmando a crença de que o material e o divino eram inseparáveis.

Os hieróglifos, por sua vez, formavam um sistema que transcendia a função prática da escrita. Cada glifo era impregnado de um simbolismo que capturava aspectos do mundo visível e do invisível. Um pássaro não era apenas um pássaro; era a manifestação da liberdade e da alma, um elemento fundamental na narrativa espiritual dos egípcios. As formas estilizadas dos hieróglifos, combinadas com a precisão de sua execução, criavam uma sinergia entre a função comunicativa e a dimensão mística, permitindo que as palavras literalmente ganhassem vida em rituais e inscrições sagradas. A escrita hieroglífica, portanto, não era apenas uma ferramenta de registro histórico, mas uma ponte entre o humano e o divino, carregando em cada traço a promessa de eternidade.

Ao compreender o simbolismo egípcio, revela-se uma civilização profundamente comprometida em explorar e explicar os mistérios do cosmos e da vida. Essa rica simbologia não apenas articulava suas crenças e práticas, mas também preservava sua visão de mundo, permitindo que os significados transcendentes de seus símbolos ecoassem através dos séculos. Mesmo nos dias atuais, essas representações continuam a fascinar, oferecendo um vislumbre da profunda relação dos egípcios com o sagrado e reforçando seu legado como mestres de uma linguagem visual atemporal.

O simbolismo egípcio era um alicerce central na cultura e espiritualidade do antigo Egito, unindo de forma harmoniosa os mundos material e divino por meio de uma linguagem visual rica e multifacetada. Cada símbolo, cuidadosamente concebido, carregava significados profundos que iam além do que era imediatamente visível, conectando conceitos espirituais, sociais e cósmicos. Essa linguagem simbólica estava presente em todos os aspectos da vida egípcia, desde os rituais funerários até a decoração de templos e artefatos do cotidiano, criando uma ponte entre os humanos e o sagrado. No coração dessa simbologia estava Maat, o princípio que regia a verdade, a justiça e a ordem cósmica, evidenciando a crença de que tudo no universo estava interligado por uma harmonia divina.

Os animais ocupavam um lugar de destaque nesse sistema simbólico, funcionando como mediadores entre os domínios terreno e espiritual. Cada animal escolhido para representar uma divindade ou conceito era dotado de atributos físicos e espirituais que refletiam características específicas. O gato, por exemplo, associado à deusa Bastet, simbolizava proteção, fertilidade e o conforto do lar, destacando seu papel tanto como um guardião quanto como um símbolo de energia regeneradora. Já o escaravelho, vinculado ao deus Khepri, representava o ciclo incessante de renascimento e o movimento do sol, encapsulando a visão egípcia de transformação constante. Animais como o falcão, ligado a Hórus, e o chacal, associado a Anúbis, não apenas encarnavam poderes divinos, mas também personificavam qualidades como força, sabedoria e proteção, essenciais para a compreensão do papel dos deuses na manutenção do equilíbrio cósmico.

Os símbolos divinos, por sua vez, ampliavam ainda mais o alcance desse simbolismo. Figuras icônicas como o ankh, a cruz ansata, transcendiam seu uso religioso para se tornar um emblema universal de vida e imortalidade. O Olho de Hórus, uma das imagens mais reconhecíveis da cultura egípcia, representava proteção, cura e poder, sendo amplamente utilizado em amuletos que acompanhavam vivos e mortos em sua jornada espiritual. Outros símbolos, como o cetro *was*, o disco solar e a serpente uraeus, encapsulavam conceitos de poder, realeza e luz divina, reforçando a conexão direta entre os faraós e os deuses. Esses elementos simbólicos não eram apenas representações visuais; eles transmitiam verdades espirituais profundas que uniam a ordem cósmica à vida cotidiana.

As cores também desempenhavam um papel crucial no simbolismo egípcio, oferecendo uma camada adicional de significado a artefatos, vestimentas e representações divinas. O dourado, por exemplo, era mais do que a cor da realeza; ele simbolizava a essência do sol, a imortalidade e a divindade, refletindo a conexão dos faraós com Rá, o deus solar. O verde, associado ao renascimento e à vegetação, representava a vitalidade e a renovação, enquanto o preto, ligado à terra fértil do Nilo, simbolizava a vida e, paradoxalmente, o submundo. A escolha das cores não era meramente estética; ela integrava simbolismo espiritual e cultural, reforçando a ideia de que tudo na existência egípcia tinha um significado intrínseco.

Os hieróglifos eram outro pilar fundamental do simbolismo egípcio, transcendendo sua função prática de escrita para se tornar uma linguagem sagrada. Cada hieróglifo, cuidadosamente desenhado, carregava significados múltiplos que iam além da representação literal. Um pássaro, por exemplo, simbolizava liberdade e a alma, enquanto o desenho de um homem ou de uma mulher refletia aspectos da humanidade, como ação e fertilidade. As inscrições hieroglíficas em tumbas e templos não eram apenas textos; eram manifestações do poder espiritual, destinadas a conectar o mundo humano ao divino. A precisão na execução dos hieróglifos era essencial, pois acreditava-se que suas formas e significados poderiam influenciar diretamente os eventos no mundo terreno e espiritual.

O simbolismo egípcio também revelava uma percepção única da existência, na qual os elementos visíveis e invisíveis do universo estavam intrinsecamente conectados. Os antigos egípcios usavam esses símbolos para articular suas crenças mais profundas, preservar suas tradições e construir uma identidade cultural e espiritual que atravessou milênios. Essa riqueza simbólica permitia que sua visão de mundo fosse transmitida de geração em geração, permanecendo viva mesmo nos dias de hoje.

Entre os animais sagrados, o falcão de Hórus representava o domínio celestial e o poder real, enquanto o íbis de Thot simbolizava a sabedoria e o conhecimento, destacando a diversidade e a profundidade do simbolismo animal. De forma semelhante, símbolos como o Olho de Hórus e a cruz ankh condensavam conceitos de proteção e eternidade em formas simples, mas impactantes, que ainda ressoam na cultura contemporânea.

Essa complexidade simbólica, presente nas imagens de deuses, nas cores escolhidas e nas palavras gravadas em hieróglifos, transcendia sua função imediata. Era um meio de unir o humano ao divino, o transitório ao eterno, e de expressar os mistérios do cosmos e da existência em uma linguagem que podia ser lida, vista e sentida. O simbolismo egípcio, com sua profundidade e beleza, não apenas articulava a religião e a cultura de uma civilização, mas também capturava sua busca incessante por compreender e celebrar o sagrado em todas as formas da vida.

O simbolismo egípcio, em toda a sua complexidade, era a manifestação visual e espiritual de uma civilização que buscava traduzir o transcendente em formas palpáveis e compreensíveis. Cada detalhe, seja na escolha de um animal, na representação de um deus ou no uso de uma cor específica, carregava significados que iam muito além da superfície, refletindo uma visão de mundo onde o material e o imaterial eram intrinsecamente ligados. Essa riqueza simbólica não era apenas uma expressão artística, mas um elo essencial entre os egípcios e os mistérios do cosmos, um esforço contínuo para manter a ordem universal sob a proteção de Maat.

Ao transformar conceitos abstratos em símbolos visíveis, os egípcios não apenas conectaram o humano ao divino, mas criaram uma linguagem atemporal que continuou a ser lida e admirada séculos após o declínio de sua civilização. Os hieróglifos, as figuras dos deuses e os animais sagrados não eram apenas marcas de uma cultura passada; eles encapsulavam valores e verdades que ainda ecoam na imaginação humana. Essa permanência ressalta como o simbolismo egípcio, mais do que uma prática religiosa ou cultural, era uma forma de perpetuar a essência de suas crenças sobre a vida, a morte e o eterno.

Ao olhar para as inscrições em templos, os amuletos que protegiam os vivos e os mortos, ou mesmo as cores vibrantes que adornavam suas representações, é possível perceber que os egípcios encontraram nos símbolos a chave para expressar sua relação com o mundo e com os deuses. Esse legado continua vivo, revelando não apenas uma civilização profundamente espiritual, mas também uma cultura que acreditava na capacidade humana de traduzir o invisível em beleza tangível. O simbolismo egípcio permanece, assim, um testemunho eterno da conexão entre o divino e o humano, uma ponte entre o transitório e o imortal.

# Capítulo 21
## Amuletos e Proteção

Amuletos, na antiga civilização egípcia, eram muito mais que simples objetos; representavam a interação profunda entre o mundo físico e o espiritual. Cada peça carregava significados simbólicos únicos e era vista como um canal de conexão com forças divinas e protetoras. Sua utilização abrangia todos os aspectos da vida cotidiana, refletindo a crença arraigada de que a existência humana estava continuamente exposta a influências sobrenaturais, tanto benéficas quanto malignas. Assim, cada amuleto era concebido com um propósito específico, e sua confecção seguia critérios detalhados que variavam de acordo com sua função, o material empregado e os rituais associados à sua ativação. Essa relação íntima entre os egípcios e seus amuletos transcende o simples adorno e revela uma sociedade que enxergava o mundo como um entrelaçamento de forças visíveis e invisíveis.

A concepção de amuletos como instrumentos de proteção era particularmente poderosa. Os egípcios acreditavam que o mal não era apenas uma consequência do acaso, mas uma força ativa que podia se manifestar em inúmeras formas, como doenças, acidentes, má sorte e ataques espirituais. Por isso, a escolha do amuleto ideal era um processo profundamente deliberado. Símbolos como o Olho de Hórus e o Ankh não apenas adornavam o corpo, mas também serviam como barreiras espirituais contra essas forças destrutivas, refletindo a crença de que a magia era uma ferramenta legítima e prática para lidar com as incertezas da vida. A escolha dos materiais, como o brilho protetor do ouro ou a durabilidade espiritual da faiança, reforçava essa ligação com o mundo divino, agregando camadas de significado e funcionalidade a cada peça.

Além da proteção, os amuletos desempenhavam um papel essencial na promoção de cura e equilíbrio. A relação entre saúde e espiritualidade era intrínseca, e os egípcios viam o corpo humano como uma extensão do universo, sujeito às mesmas energias e ciclos. Amuletos ligados à cura, como o coração ou a cabeça de Hathor, eram projetados para harmonizar essas forças, restaurando a vitalidade e protegendo contra doenças. A aplicação direta em áreas específicas do corpo ou sua inclusão em práticas médicas demonstram como esses objetos faziam parte tanto dos rituais espirituais quanto das rotinas de tratamento. Essa integração entre magia, medicina e religião exemplifica o quanto os egípcios valorizavam uma abordagem holística para o bem-estar, onde o físico e o espiritual eram indissociáveis.

Assim, os amuletos não apenas protegiam e curavam, mas também simbolizavam esperança, sorte e prosperidade. Eles eram indispensáveis nos momentos mais cruciais da vida, como nascimentos, casamentos e transições para o além-mundo. Cada peça, com seus detalhes minuciosos e significados profundos, personificava os desejos e aspirações do indivíduo, funcionando como um lembrete constante de que o divino estava presente em todos os aspectos da existência. Dessa forma, os amuletos transcendiam sua função prática e se tornavam ícones da espiritualidade egípcia, representando um elo entre o humano e o sagrado, o cotidiano e o eterno.

Proteção contra o mal era um dos motivos mais significativos para o uso de amuletos no Egito antigo. A crença de que o mundo estava repleto de forças malignas, espíritos demoníacos e perigos ocultos, como doenças e ataques de animais, fazia com que os egípcios depositassem sua confiança em símbolos poderosos e carregados de magia. Para eles, o mal não era meramente um acidente ou fruto do acaso, mas uma energia ativa que rondava a vida cotidiana. Os amuletos eram, portanto, verdadeiros escudos espirituais, capazes de repelir essas energias negativas e preservar a segurança de quem os usava.

Entre os amuletos mais populares e amplamente utilizados, o **Olho de Hórus**, ou **Udjat**, destacava-se como um símbolo de proteção divina e cura. Ele representava o olho restaurado do deus Hórus, depois de ser ferido em sua batalha contra Seth. Com seu desenho detalhado e significativo, era considerado um canal direto de força divina, protegendo o usuário contra danos físicos e espirituais, ao mesmo tempo em que promovia a restauração da saúde e do equilíbrio. Já o **escaravelho**, frequentemente associado ao renascimento e à transformação, possuía um simbolismo igualmente poderoso. Além de afastar o mal, ele assegurava a passagem segura para a vida após a morte, sendo um dos amuletos mais encontrados em tumbas e rituais funerários.

Outro símbolo de proteção amplamente reconhecido era o **Ankh**, a famosa cruz ansata que representava a vida e a imortalidade. Ao utilizá-lo, o indivíduo acreditava estar envolto em uma energia protetora que não apenas afastava doenças, mas também conferia uma ligação direta com o poder da vida eterna. Paralelamente, o **Tiet**, ou "nó de Ísis", carregava a força protetora da deusa Ísis. Este amuleto, com seu design peculiar, era especialmente associado à fertilidade e à proteção feminina, sendo muito usado por mulheres para garantir segurança em questões relacionadas à maternidade e à saúde reprodutiva.

Além de sua função protetora, os amuletos desempenhavam um papel crucial na cura e no restabelecimento da saúde. Para os egípcios, a saúde era vista como um estado de harmonia entre corpo, mente e espírito, e os amuletos eram projetados para restaurar esse equilíbrio. Certos amuletos eram acreditados como dotados de poderes específicos para aliviar dores, curar doenças e até proteger contra epidemias que assolavam a população. A maneira como esses amuletos eram utilizados variava: podiam ser pendurados em colares, pulseiras, ou aplicados diretamente sobre a área afetada, potencializando seus efeitos curativos.

A **cabeça de Hathor**, por exemplo, era amplamente associada à cura e à maternidade. Representando a deusa Hathor, era frequentemente usada por mulheres e crianças para proteção e bem-estar, sobretudo durante o período gestacional e no parto. Outro amuleto relacionado à saúde era o **coração**, que não apenas simbolizava a sede da alma e da consciência, mas também era associado à vitalidade e à energia. Usar um amuleto em forma de coração, ou mesmo colocá-lo em uma parte do corpo doente, era considerado um ato de conexão com as forças divinas da cura.

Entre os amuletos ligados ao mundo animal, as **patas de leões ou touros** eram particularmente valorizadas por suas propriedades curativas. Os egípcios acreditavam que o poder e a força desses animais podiam ser canalizados por meio de amuletos confeccionados com partes de seus corpos ou reproduções simbólicas. Assim, esses objetos não apenas fortaleciam o corpo, mas também evocavam a coragem e a resistência desses seres, funcionando como uma espécie de transferência simbólica de suas características.

No entanto, os amuletos não se limitavam à proteção e à cura. Muitos também tinham a função de atrair boa sorte, felicidade e prosperidade, sendo usados em situações específicas para garantir o sucesso e afastar infortúnios. Momentos como casamentos, viagens, acordos comerciais e nascimentos eram frequentemente acompanhados por esses talismãs que prometiam assegurar o resultado desejado. O **Udjat**, já mencionado como um símbolo de proteção, também era reconhecido como o "olho saudável" de Hórus, trazendo completude e perfeição a quem o utilizava. Sua presença era vista como um convite à sorte em todos os aspectos da vida, desde empreendimentos financeiros até questões afetivas.

O **escaravelho com asas** era outro amuleto de boa sorte especialmente venerado. Seu design, que simbolizava ascensão e liberdade, tornava-o ideal para quem buscava sucesso em novos projetos ou desejava superar barreiras. Ao mesmo tempo, o **Tiet**, com seu elo inseparável com Ísis, continuava sendo um símbolo de felicidade e prosperidade, frequentemente presente em celebrações familiares ou como presente em momentos de transição importante.

O uso desses amuletos não era restrito ao corpo humano. Eles também desempenhavam funções em espaços físicos, sendo colocados em casas, templos e tumbas. Dentro dos lares, sua presença era vista como uma barreira contra intrusões espirituais, garantindo que o ambiente permanecesse seguro e harmonioso. Já nos templos, amuletos protegiam os espaços sagrados, enquanto nas tumbas assumiam um papel ainda mais importante, garantindo que o falecido estivesse protegido em sua jornada pelo além-mundo. Esses amuletos funerários eram especialmente preparados para acompanhar o morto, sendo ativados por rituais específicos que reforçavam sua ligação com o divino.

Cada um desses amuletos era mais do que um objeto; era uma representação física de esperanças, medos e crenças profundamente enraizadas. Eles eram carregados de significados simbólicos, protegendo, curando, trazendo sorte e conectando seus usuários com as forças divinas que permeavam todos os aspectos da vida e da morte. Por meio deles, os egípcios encontravam segurança, equilíbrio e confiança, vivendo em um mundo onde o físico e o espiritual estavam em constante interação.

Os amuletos, ao mesmo tempo em que serviam como instrumentos de proteção e equilíbrio, eram também testemunhos silenciosos das aspirações humanas frente ao desconhecido. Cada peça carregava não apenas a crença em forças invisíveis, mas também uma mensagem de resiliência diante das adversidades da vida. Na complexa tapeçaria da espiritualidade egípcia, eles simbolizavam o esforço contínuo de compreender e harmonizar os ciclos da existência, unindo o terreno e o celestial em uma busca incansável por sentido e segurança.

Além disso, os amuletos representavam um elo inquebrável com a tradição e a identidade cultural. Eles não apenas conectavam indivíduos ao divino, mas também aos seus antepassados, que há séculos confiavam nessas ferramentas sagradas. Assim, ao portar um amuleto, o egípcio carregava consigo não só a sua fé, mas a herança coletiva de um povo que via na magia e na espiritualidade as chaves para decifrar os mistérios da vida e da morte. Era um ato de continuidade, reforçando laços invisíveis entre o passado, o presente e o futuro.

No fim, os amuletos transcendiam sua função prática, tornando-se reflexos de uma civilização que acreditava profundamente na conexão entre o homem e o cosmos. Cada detalhe esculpido, cada material escolhido e cada ritual realizado eram expressões dessa visão integrada do universo. Mais do que objetos, eram pontes para o eterno, reafirmando a fé de que, mesmo diante da impermanência, a proteção divina estaria sempre presente, guiando e amparando aqueles que ousassem acreditar.

# Capítulo 22
## O Olho de Hórus

O Olho de Hórus se destaca como um dos mais profundos e emblemáticos símbolos da civilização egípcia, representando a intrínseca conexão entre o mundo humano, o divino e o cosmos. Mais do que um simples amuleto ou adorno, ele carrega camadas de significados que vão desde a proteção física e espiritual até a expressão da totalidade do universo. A origem mítica do Olho de Hórus reflete a eterna luta entre ordem e caos, destacando o triunfo da harmonia sobre a desordem e a renovação da vida mesmo após eventos destrutivos. Esse símbolo, repleto de complexidade e poder, não apenas consolidava o vínculo dos egípcios com suas divindades, mas também funcionava como um lembrete tangível da capacidade de cura, resiliência e restauração.

A relevância do Olho de Hórus na cultura egípcia está profundamente ligada à narrativa mítica em que ele foi concebido. O olho perdido de Hórus durante sua batalha contra Seth não simboliza apenas um ferimento físico, mas a fragmentação do equilíbrio universal. Sua restauração pelas mãos mágicas de Thot, o deus da sabedoria, transcende o simples ato de cura; é um evento cósmico que restaura a ordem divina no mundo. Assim, o Olho de Hórus torna-se um símbolo que encapsula tanto a vulnerabilidade humana quanto a capacidade de superação e reconstituição, uma mensagem poderosa que os egípcios incorporaram em suas práticas espirituais e culturais. Este significado ressoava amplamente, tanto nos rituais religiosos quanto no cotidiano, mostrando como o mito permeava todas as camadas da sociedade.

Os usos do Olho de Hórus eram amplamente diversificados, evidenciando sua importância multifacetada. Como amuleto, era um dos itens mais populares entre os egípcios, sendo usado para proteger contra o mal, atrair saúde e garantir segurança em momentos críticos da vida. Sua representação em artefatos funerários, como sarcófagos e adornos, revela seu papel essencial no além-vida, assegurando que a alma do falecido fosse protegida em sua jornada e alcançasse um estado de plenitude. A relação matemática intrínseca ao símbolo, com suas frações que representavam a imperfeição do mundo material, reflete ainda a profunda inclinação dos egípcios em buscar significados além do tangível, incorporando conceitos espirituais e filosóficos em sua cultura visual.

Em síntese, o Olho de Hórus é muito mais do que um símbolo histórico; ele encapsula a essência da espiritualidade e da cosmovisão egípcia. Sua imagem transcende o tempo e continua a fascinar e inspirar até os dias de hoje, evocando conceitos universais de proteção, renovação e equilíbrio. Seja como um poderoso amuleto ou uma obra de arte detalhada, o Olho de Hórus carrega em si a resiliência de uma cultura que encontrou no simbolismo uma forma de dialogar com o eterno e de enfrentar os desafios da existência com força, sabedoria e esperança.

O Mito do Olho de Hórus ocupa um lugar central na mitologia egípcia, carregando em si uma narrativa repleta de simbolismo e significados que transcendem o tempo. De acordo com a tradição, Hórus, filho de Osíris e Ísis, travou uma batalha épica contra seu tio Seth para vingar o assassinato de seu pai e restaurar a ordem no Egito. Essa disputa não era apenas uma questão de justiça familiar, mas a manifestação da luta entre ordem e caos, uma constante na visão de mundo dos egípcios. Durante um desses embates, Seth arrancou o olho esquerdo de Hórus, um ato que simbolizava não apenas um ferimento físico, mas também a desordem e o desequilíbrio cósmico. No entanto, Thot, o deus da sabedoria e da magia, interveio, restaurando o olho por meio de seu poder divino. A restauração do olho transcendeu o simples ato de cura; ela representou a renovação do equilíbrio universal e a capacidade de regeneração diante da adversidade. Assim, o Olho de Hórus tornou-se um emblema de cura, proteção e poder, perpetuando-se como um dos mais poderosos símbolos da antiga civilização egípcia.

O simbolismo por trás do Olho de Hórus é vasto e multifacetado, refletindo uma profundidade de interpretações que se expandem muito além de sua origem mítica. Como amuleto, ele era amplamente considerado uma proteção contra forças malignas, doenças e acidentes, sendo usado por pessoas de todas as classes sociais. Desde camponeses que buscavam segurança em sua labuta diária até faraós que almejavam assegurar a estabilidade de seus reinados, o Olho de Hórus era onipresente, um escudo invisível contra os perigos visíveis e invisíveis do mundo. Mais do que um objeto de proteção, o olho também era um símbolo de cura. Acreditava-se que ele possuía propriedades mágicas capazes de restaurar a saúde, aliviar dores e combater enfermidades. Este aspecto curativo do símbolo refletia a crença na capacidade da vida de se regenerar, mesmo em meio à destruição, algo profundamente arraigado na espiritualidade egípcia.

Além disso, o Olho de Hórus era um marco da autoridade e do poder divino dos faraós. Incorporado aos adornos e vestimentas da realeza, ele não apenas conferia proteção ao governante, mas também legitimava seu direito de governar, conectando-o diretamente com o divino. A associação do Olho de Hórus com a realeza reforçava sua posição como símbolo de soberania, unindo o humano ao celestial em uma só figura. Entretanto, seu simbolismo ia além do terreno humano e do poder terreno. O Olho de Hórus também representava a totalidade do cosmos. Essa visão de totalidade era refletida em sua estrutura matemática. Cada parte do olho correspondia a uma fração que, somadas, alcançavam $63/64$, simbolizando a imperfeição inerente ao mundo material. A fração restante, $1/64$, era considerada a porção espiritual e invisível, completando a totalidade do universo e lembrando que há sempre algo além do tangível, um mistério que escapa à compreensão humana.

As representações do Olho de Hórus na arte egípcia variavam em detalhes, mas a forma mais conhecida era a de um olho humano estilizado. A sobrancelha curva, o traço diagonal abaixo do olho e os detalhes precisos conferiam ao símbolo uma expressão única, que carregava um significado poderoso. As cores usadas para representá-lo, como preto, verde, azul e dourado, também possuíam significados específicos. O preto, por exemplo, estava associado à fertilidade e ao renascimento, enquanto o azul evocava proteção e espiritualidade. O dourado, por sua vez, representava a luz divina e a eternidade. Esses elementos combinavam-se para formar uma imagem que não apenas agradava aos olhos, mas também comunicava ideias e valores profundamente enraizados na cultura egípcia.

Os usos do Olho de Hórus eram igualmente diversos. Ele aparecia em amuletos confeccionados de diferentes materiais, como pedra, metal, madeira e faiança, e era incorporado a colares, pulseiras, anéis e outros adornos pessoais. Esses amuletos não eram apenas objetos de uso cotidiano; eram também colocados em espaços sagrados, como casas, templos e tumbas, servindo como barreiras contra influências malignas e garantindo harmonia e proteção. Nas tumbas, especificamente, o Olho de Hórus desempenhava um papel crucial, garantindo que a alma do falecido fosse protegida em sua jornada para o além-vida e alcançasse um estado de plenitude. Esse uso funerário do símbolo reforça sua conexão com a ideia de renovação e transcendência, características centrais da espiritualidade egípcia.

A combinação de seu significado místico, poder simbólico e beleza estética fez do Olho de Hórus um dos símbolos mais duradouros e icônicos da antiga civilização egípcia. Ele não era apenas um reflexo das crenças e práticas religiosas, mas também uma manifestação tangível da maneira como os egípcios entendiam e interagiam com o mundo ao seu redor. A capacidade do Olho de Hórus de encapsular proteção, cura, poder e a totalidade do cosmos tornou-o um ponto de convergência para diversas camadas de significado, unindo o mundano ao divino, o físico ao espiritual. Mesmo nos dias de hoje, sua imagem continua a inspirar e fascinar, servindo como um lembrete atemporal da resiliência do espírito humano e da conexão intrínseca entre o visível e o invisível, o material e o eterno.

O Olho de Hórus, em toda sua complexidade, não apenas refletia as crenças e esperanças dos egípcios, mas também revelava um entendimento avançado sobre a interconexão entre os aspectos físico e espiritual da vida. Seu uso diário como amuleto, assim como sua presença em rituais religiosos e funerários, demonstrava como os egípcios buscavam um equilíbrio constante entre proteção, cura e conexão com as forças cósmicas. A simbologia contida em sua forma e suas frações matemáticas tornava-o um objeto de contemplação e reverência, evidenciando uma cultura que via no mundo material um reflexo da ordem divina.

Mais do que um símbolo de proteção, o Olho de Hórus era uma afirmação da capacidade de renovação e resistência frente às adversidades. Ele transcendia as barreiras do tempo e da cultura, ecoando lições universais de superação e harmonia. A narrativa mítica que o originou não era apenas uma história de deuses e batalhas, mas um espelho da própria condição humana, marcada por desafios e pela busca incessante de restauração. Era um lembrete de que mesmo na fragmentação, há a promessa de reconstrução, e que a força divina pode ser acessada em momentos de necessidade.

No decorrer dos séculos, o Olho de Hórus permaneceu como um emblema atemporal, adaptando-se e ressoando com aqueles que buscam significado além do tangível. Sua presença no imaginário coletivo, até os dias de hoje, é um testemunho de sua relevância duradoura. Ele encapsula não apenas a essência de uma civilização que dialogava com o invisível, mas também uma mensagem universal de proteção, equilíbrio e transcendência, convidando cada geração a enxergar no simbolismo do passado um guia para enfrentar os mistérios do presente e do futuro.

# Capítulo 23
## Escaravelho Sagrado

O escaravelho sagrado, em sua aparente simplicidade como um pequeno inseto rolando bolas de esterco, era elevado pelos antigos egípcios a um dos mais poderosos símbolos espirituais de sua cultura. Sua associação com o deus Khepri, responsável pelo renascimento diário do sol, transformava esse besouro em uma representação viva das forças criadoras e regenerativas da natureza. Para os egípcios, o escaravelho não era apenas um inseto comum, mas uma expressão tangível de conceitos universais como a criação, a transformação e a eternidade. Essa conexão entre o escaravelho e os ciclos cósmicos revelava uma visão profunda do universo, onde até mesmo as menores criaturas desempenhavam um papel no equilíbrio universal.

O fascínio pelo escaravelho vinha da observação de seu comportamento. Ao moldar uma bola de esterco e rolá-la incansavelmente, o besouro imitava, para os egípcios, o movimento do sol pelo céu. Esse ato simples, mas repetitivo, se tornou uma metáfora para o ciclo diário da vida e da morte, onde cada amanhecer era uma renovação da criação. Além disso, o fato de o escaravelho depositar seus ovos na bola de esterco, garantindo o surgimento de uma nova geração a partir dela, reforçava sua ligação com o renascimento e a continuidade da existência. Essa relação direta entre o comportamento do inseto e os processos cósmicos transformava o escaravelho em um símbolo de esperança e renovação.

Os amuletos em forma de escaravelho se tornaram onipresentes na cultura egípcia, adotados por pessoas de todas as classes sociais. Sua popularidade não se restringia apenas à proteção física, mas abrangia também a proteção espiritual. Escaravelhos feitos de faiança, pedras semipreciosas ou metais preciosos eram usados para afastar o mal, proteger contra doenças e trazer sorte. Nos contextos funerários, o escaravelho assumia um papel ainda mais crucial. Colocados sobre o coração das múmias, os escaravelhos coração continham inscrições de feitiços que ajudavam o falecido no julgamento de sua alma, um momento decisivo para garantir a passagem segura ao além-mundo. Esse uso funerário destacava a profunda ligação do escaravelho com a ideia de continuidade da vida após a morte e sua capacidade de guiar e proteger no desconhecido.

A simbologia do escaravelho transcende seu papel no Egito Antigo e ressoa até os dias de hoje como um ícone de resiliência, transformação e renovação. Ele sintetiza o poder da natureza de criar beleza e propósito a partir do que pode parecer insignificante ou caótico. Na cultura egípcia, o escaravelho não era apenas um reflexo das crenças espirituais, mas um lembrete constante de que, mesmo diante dos desafios da vida, a criação, o renascimento e a eternidade são forças que jamais podem ser suprimidas.

    O escaravelho sagrado, inseparavelmente ligado ao deus Khepri, ocupava um lugar central na espiritualidade egípcia, transcendendo sua simplicidade como um inseto para se tornar um símbolo de profundas conexões cósmicas e espirituais. Observando o comportamento aparentemente rotineiro do escaravelho — rolando incansavelmente uma bola de esterco sob o calor do sol — os antigos egípcios encontraram uma metáfora poderosa para os ciclos da vida, da morte e do renascimento. Esse ato, por mais simples que parecesse, refletia, para eles, o próprio movimento do sol pelo céu, renovando a criação a cada dia. Não era apenas o ato de empurrar a bola que fascinava, mas também o fato de o inseto depositar seus ovos nela, transformando-a em um ninho de vida. Dessa forma, o escaravelho tornou-se um símbolo vivo da transformação e da eternidade, capaz de transformar matéria comum em algo extraordinário, conectando o mundano ao divino.

    Na mitologia egípcia, essa conexão se manifestava na figura de Khepri, o deus solar associado ao renascimento. Assim como o escaravelho "criava" e empurrava sua bola de esterco, Khepri era visto como aquele que "criava" o sol todas as manhãs e o conduzia pelo céu até o ocaso. Cada amanhecer simbolizava, portanto, um novo ciclo, uma nova oportunidade de renovação, e o escaravelho era a personificação dessa força regeneradora. O ciclo de vida do inseto, com suas larvas emergindo de dentro da bola, amplificava essa simbologia, destacando a transformação e o renascimento como aspectos inevitáveis e eternos da existência. Para os egípcios, o escaravelho não apenas explicava os fenômenos da natureza, mas também oferecia um modelo espiritual de resiliência e renovação diante das dificuldades.

Os significados do escaravelho na cultura egípcia eram tão vastos quanto profundos, abrangendo conceitos como criação, renascimento, transformação e proteção. O simples ato de moldar a bola de esterco era interpretado como uma metáfora do poder criador da vida, um reflexo direto do papel de Khepri na criação do mundo. Além disso, o ciclo de vida do escaravelho era uma imagem clara da transição da morte para a vida, algo que os egípcios valorizavam profundamente em sua visão do além-morte. Eles acreditavam que a alma, assim como as larvas que emergiam da bola, renascia e continuava sua jornada após a morte, encontrando um novo propósito em outro estado de existência.

Essa ideia de transformação também se estendia para o próprio ato do escaravelho de moldar o esterco em uma forma perfeita, um processo que simbolizava a capacidade de transformação e crescimento espiritual. Era a prova de que mesmo os elementos mais simples e mundanos podiam ser transformados em algo de valor e significado, um conceito que ressoava fortemente na espiritualidade egípcia. Além disso, o escaravelho era amplamente reconhecido como um poderoso amuleto de proteção, usado para afastar o mal, prevenir doenças e garantir o bem-estar. Essa função protetora fazia do escaravelho um objeto essencial para pessoas de todas as classes sociais, desde os mais humildes camponeses até os membros da realeza.

Os amuletos em forma de escaravelho eram onipresentes no Egito Antigo, confeccionados em uma variedade de materiais, como pedra, metal, madeira, osso e faiança. Cada material carregava seu próprio significado, mas o propósito universal desses amuletos era proteger, transformar e guiar seus portadores. Eles eram usados em colares, pulseiras, anéis e outros adornos pessoais, mas também ocupavam um lugar de destaque em casas, templos e tumbas. No contexto funerário, os escaravelhos coração tinham um papel especial. Esses amuletos, muitas vezes colocados sobre o coração das múmias, não apenas protegiam o órgão, mas também auxiliavam a alma durante o julgamento no além-mundo. Inscritos com feitiços do **"Livro dos Mortos"**, esses escaravelhos garantiam que o coração do falecido não testemunhasse contra ele durante o julgamento, aumentando suas chances de alcançar uma vida eterna pacífica.

A imagem do escaravelho transcendeu os amuletos, tornando-se uma figura central na arte egípcia. Ele aparecia em pinturas, esculturas, relevos e joias, muitas vezes associado ao ciclo solar e à renovação cósmica. O escaravelho também desempenhava funções práticas, sendo usado como selo para autenticar documentos e objetos. Essa combinação de simbolismo espiritual e utilidade prática destacava ainda mais sua importância na cultura egípcia. Era um lembrete constante de que os ciclos de criação, renascimento e transformação estavam presentes em todos os aspectos da vida, desde o cotidiano até os rituais mais sagrados.

A força do escaravelho como símbolo não se limita ao Egito Antigo. Até os dias de hoje, ele continua a inspirar e fascinar pessoas de diferentes culturas, evocando ideias de resiliência, transformação e renovação. Sua capacidade de transformar algo aparentemente insignificante em um poderoso símbolo espiritual reflete a própria essência da vida, onde o caos e a ordem coexistem, e onde a criação e a destruição são partes inseparáveis de um mesmo ciclo. Na visão dos egípcios, o escaravelho sagrado não era apenas um reflexo de suas crenças espirituais, mas uma celebração da beleza e do propósito da natureza, um lembrete de que, mesmo diante das adversidades, a renovação e a esperança são forças eternas.

O escaravelho sagrado, ao mesmo tempo simples e grandioso, era muito mais do que um símbolo para os egípcios: ele encapsulava as verdades fundamentais sobre a vida e o cosmos. A conexão entre o seu comportamento e o movimento solar transformava um inseto comum em uma manifestação divina, e o ciclo de vida que brotava de sua simbólica bola de esterco era um poderoso lembrete de que a vida emerge mesmo das condições mais adversas. Com seu significado profundamente enraizado no ciclo solar, o escaravelho era, para os antigos, a personificação da continuidade da existência e da força da transformação.

Nos rituais funerários, sua presença junto às múmias era essencial, assegurando que o falecido não apenas fosse protegido em sua jornada, mas também tivesse a oportunidade de renascer espiritualmente em um novo plano. Esses amuletos, carregados de feitiços e bênçãos, refletiam a crença inabalável na renovação da alma e na eternidade da vida. Ao usar o escaravelho como um guia simbólico, os egípcios encontravam consolo na ideia de que a morte era apenas uma transição, onde o renascimento era uma certeza garantida pelo poder de Khepri.

Mesmo hoje, o escaravelho ressoa como um símbolo de resiliência e transformação. Ele nos lembra que, assim como o sol que renasce a cada dia, a vida é feita de ciclos de criação e renovação. Na visão dos egípcios, cada movimento do escaravelho era uma afirmação de que a beleza e o propósito podem ser encontrados nos menores atos e nas formas mais simples da natureza, refletindo uma verdade universal: tudo está conectado, e a força do renascimento é eterna.

# Capítulo 24
# Animais Sagrados

Os animais eram mais do que criaturas terrestres no Egito Antigo; eles encarnavam uma ligação sagrada entre o homem, a natureza e o divino. A profunda reverência dos egípcios por diversas espécies revela uma cosmovisão que reconhecia nos animais manifestações vivas de forças espirituais e aspectos da natureza. Esses seres eram considerados portadores de atributos divinos, capazes de atuar como intermediários entre os mortais e os deuses. Cada espécie associada a um deus ou conceito possuía um significado único, refletindo a integração entre o mundo natural e o espiritual, e ocupava um papel central em rituais religiosos, mitos e na vida cotidiana.

A associação dos animais com divindades dava a eles um status especial, muitas vezes elevado ao sagrado. Gatos, por exemplo, eram símbolos da deusa Bastet, protetora do lar e da fertilidade, e eram tratados com respeito quase divino. Sua capacidade de eliminar pragas não era apenas uma função prática, mas também uma metáfora de proteção espiritual. Da mesma forma, o falcão, associado ao deus Hórus, representava a visão divina e a realeza, sendo uma figura de poder e vigilância. A presença de chacais próximos a cemitérios levou à associação com Anúbis, o deus dos mortos, que cuidava da jornada das almas. Esses vínculos entre características dos animais e os aspectos mitológicos das divindades reforçavam a ideia de que os deuses se manifestavam no mundo físico por meio dessas criaturas.

Além da relação com os deuses, os egípcios viam nos animais representações de forças da natureza. O crocodilo, com sua força e imprevisibilidade, era associado ao deus Sobek, simbolizando a fertilidade e os perigos do rio Nilo, essencial para a sobrevivência da civilização egípcia. Já o hipopótamo, embora visto como perigoso, também representava a proteção e os ciclos de vida associados às cheias do Nilo. Esses animais simbolizavam tanto a generosidade quanto os riscos da natureza, refletindo a dualidade que os egípcios acreditavam existir em todas as coisas. Até mesmo seres menores, como as abelhas, eram carregados de significado, representando a organização e o trabalho coletivo que espelhavam a própria sociedade egípcia.

A veneração dos animais sagrados não se restringia a crenças abstratas; ela era traduzida em práticas concretas e rituais elaborados. Muitos desses animais eram protegidos por leis severas, e causar-lhes dano era considerado um sacrilégio grave. Alguns chegavam a ser mumificados e enterrados em necrópoles dedicadas, como os gatos em Bubástis ou os touros sagrados em Serapeum. Essas práticas demonstram o respeito quase humano que esses animais recebiam, reforçando sua importância espiritual. Na arte, sua presença era constante, seja em amuletos e joias, seja em representações decorativas que adornavam templos e tumbas. Assim, eles não eram apenas figuras simbólicas, mas uma parte integral da identidade cultural e espiritual do Egito.

A conexão entre os egípcios e os animais sagrados transcendia o simples respeito ou utilidade. Era uma expressão de uma visão de mundo onde todas as formas de vida, grandes ou pequenas, tinham um papel no equilíbrio universal. Essa integração entre humano, divino e natureza reflete a sofisticação espiritual do Egito Antigo e continua a fascinar até os dias de hoje. Os animais sagrados não apenas enriqueceram a cultura egípcia, mas também deixaram um legado duradouro como símbolos de força, proteção, renovação e harmonia entre o homem e o cosmos.

Os animais sagrados eram pilares espirituais no Egito Antigo, carregando em si o elo entre o humano, o divino e a natureza. Essa relação não era apenas uma questão de respeito ou utilidade prática, mas uma expressão profunda de uma cosmovisão onde o mundo natural era integrado ao espiritual. Para os egípcios, os animais eram manifestações terrenas de forças divinas, portadores das qualidades e dos atributos dos deuses. A conexão entre as características de cada espécie e as divindades que representavam permeava mitos, rituais e o cotidiano, reafirmando a crença em um universo interligado e equilibrado.

Entre as associações mais emblemáticas, está o gato, símbolo da deusa Bastet. A veneração aos gatos ia muito além de sua habilidade prática em caçar ratos e pragas. Bastet, protetora do lar, da maternidade e da fertilidade, personificava o carinho e a proteção, características amplamente observadas no comportamento dos gatos. Esses felinos eram tratados como membros da família e até mesmo adornados com joias. A morte de um gato era um momento de grande luto, e há relatos de famílias raspando as sobrancelhas em sinal de pesar. Essa reverência demonstrava como os egípcios enxergavam nos gatos não apenas companheiros, mas guardiões espirituais que afastavam energias negativas.

    Outro exemplo marcante é o falcão, associado ao deus Hórus. Com sua visão aguçada e voo imponente, o falcão representava a realeza, o céu e a proteção divina. Era uma figura de liderança e vigilância, características que faziam de Hórus um defensor do Egito e de seu povo. Esculturas e imagens de falcões eram frequentemente usadas como emblemas de poder nos templos e palácios, ressaltando a conexão entre o faraó e a divindade. De forma semelhante, o chacal, associado a Anúbis, simbolizava a morte e a transição para o além. A presença de chacais nos arredores dos cemitérios fortaleceu sua ligação com o cuidado das almas, e Anúbis, como guia dos mortos, era representado com a cabeça desse animal, protegendo as múmias e conduzindo as almas na jornada pós-vida.

    Essa associação direta entre os animais e os deuses também refletia a relação dos egípcios com as forças da natureza. O crocodilo, por exemplo, era uma criatura temida e respeitada. Ligado ao deus Sobek, ele representava tanto a fertilidade quanto os perigos do Nilo, o rio que era fonte de vida e destruição. Da mesma forma, o hipopótamo, apesar de perigoso, era um símbolo de proteção e maternidade, muitas vezes associado ao equilíbrio que o Nilo trazia às margens férteis do Egito. Esses animais encarnavam a dualidade da natureza: sua generosidade e seus perigos.

Mesmo criaturas menores carregavam significados poderosos. A abelha, por exemplo, era um símbolo de organização e trabalho coletivo. Representando a sociedade egípcia, com sua estrutura hierárquica bem definida, as abelhas também eram vistas como símbolos de realeza. Diz-se que os faraós do Alto Egito usavam o título de "Aquele da Abelha", destacando sua conexão com a ordem e o dever. De forma semelhante, o íbis, associado ao deus Thot, simbolizava sabedoria, inteligência e conhecimento. A postura graciosa do pássaro espelhava a natureza metódica e lógica de Thot, que governava a escrita, a matemática e os registros sagrados.

A veneração dos animais não era apenas uma abstração espiritual; ela se traduzia em práticas concretas e respeitosas. Muitos desses seres eram protegidos por leis rígidas, e causar-lhes qualquer dano era considerado um sacrilégio. Alguns eram tratados como verdadeiras divindades vivas, recebendo cuidados especiais em templos dedicados. Quando morriam, eram mumificados com a mesma reverência dada aos humanos. Exemplos notáveis incluem os gatos mumificados em Bubástis e os touros sagrados em Serapeum. Esses rituais não apenas demonstravam o respeito espiritual pelos animais, mas também sua importância no equilíbrio entre o mundo terreno e o celestial.

A arte egípcia está repleta de representações de animais sagrados. Pinturas, esculturas, relevos e amuletos frequentemente retratavam essas criaturas, cada uma carregada de simbolismo. Um leão, por exemplo, com sua força e majestade, era associado ao sol e à realeza, enquanto a cobra, com sua habilidade de mudar de pele, representava a regeneração e a proteção. Essas imagens, além de embelezar templos e tumbas, reforçavam a conexão espiritual entre os animais e os egípcios, perpetuando sua importância cultural e religiosa.

Esse profundo vínculo entre os egípcios e os animais sagrados é uma das características mais marcantes de sua civilização. Para eles, cada ser vivo, grande ou pequeno, desempenhava um papel no equilíbrio universal. Essa visão holística do mundo permitiu-lhes integrar o natural ao espiritual de maneira única, resultando em uma cultura rica, simbólica e profundamente conectada com seu entorno. Mesmo hoje, a reverência dos egípcios por seus animais sagrados continua a nos inspirar, lembrando-nos do valor de todas as formas de vida e da necessidade de manter o equilíbrio entre homem e natureza.

Os animais sagrados, em toda sua diversidade, eram mais do que figuras de veneração no Egito Antigo; eles representavam um entendimento profundo sobre a interdependência entre o homem, a natureza e o divino. Cada espécie, com suas características únicas, carregava mensagens que transcendiam o físico, simbolizando conceitos universais como proteção, regeneração, equilíbrio e força. Ao observar a essência de cada animal, os egípcios encontraram um reflexo das forças cósmicas que regiam sua visão de mundo, tornando-os elementos indispensáveis tanto na prática religiosa quanto na vida cotidiana.

A prática de mumificar animais, de construir necrópoles inteiras em sua honra e de retratá-los em templos, joias e artefatos reforça a ideia de que os egípcios os viam como manifestações vivas do sagrado. Essas ações não eram apenas demonstrações de respeito, mas sim um reconhecimento da conexão espiritual que os ligava a essas criaturas. Em cada gesto, desde o cuidado com os animais vivos até a preservação dos mortos, os egípcios reafirmavam sua crença no papel central que esses seres desempenhavam na harmonia do universo, bem como em sua própria jornada espiritual.

O legado dos animais sagrados do Egito ultrapassou os milênios, ecoando até hoje como um testemunho de uma cultura que enxergava o sagrado em todas as formas de vida. A relação simbiótica entre os egípcios e essas criaturas oferece uma lição atemporal sobre respeito à natureza e à interconexão universal. Mais do que simples veneração, a visão egípcia sobre os animais nos inspira a perceber a importância de cada ser no equilíbrio da existência, lembrando-nos de que o divino pode ser encontrado até nos detalhes mais sutis da criação.

# Capítulo 25
# Faraó e o Divino

No Egito Antigo, o faraó era visto como a personificação viva do equilíbrio cósmico e a conexão direta entre o mundo humano e o divino. Não era apenas um governante político ou militar, mas um ser sagrado, encarregado de garantir que a ordem universal, conhecida como Maat, fosse mantida. Sua posição como intermediário entre os deuses e o povo conferia-lhe uma autoridade que transcendia as questões terrenas, pois ele era acreditado como o escolhido para preservar a harmonia, proteger o reino e assegurar a continuidade da vida no Egito. Essa visão do faraó como um ser divino moldava não apenas sua governança, mas também a forma como os egípcios compreendiam a estrutura do mundo e sua ligação com o sagrado.

A identidade divina do faraó estava profundamente enraizada na associação com Hórus e Rá, dois dos mais importantes deuses da mitologia egípcia. Como Hórus, o faraó incorporava os atributos de força, justiça e proteção, simbolizando a vitória sobre as forças do caos. Ele era visto como o guardião da terra, aquele que mantinha o Egito seguro contra ameaças externas e internas. Ao mesmo tempo, como filho de Rá, o deus criador e a personificação do Sol, o faraó era a manifestação da energia vital e da luz que iluminava o Egito. Essa dupla natureza – protetora e criadora – colocava o faraó em um papel central na vida espiritual dos egípcios, reafirmando sua autoridade divina e a sacralidade de suas ações.

As responsabilidades religiosas do faraó refletiam sua importância tanto como líder terreno quanto como figura espiritual. Ele não apenas supervisionava rituais religiosos, mas também era o principal sacerdote do Egito, realizando oferendas e intercedendo junto aos deuses em nome de seu povo. Sua conexão com o divino era demonstrada na construção de templos grandiosos, considerados moradas terrenas dos deuses e símbolos visíveis da devoção do faraó. Cada templo erguido era um testemunho de sua obrigação de honrar as divindades e reforçar sua legitimidade como governante divino. Além disso, o faraó desempenhava um papel crucial nos festivais religiosos, que celebravam os ciclos naturais e a renovação da ordem cósmica, unindo a população em torno de crenças comuns e fortalecendo sua posição como líder supremo.

Os símbolos associados ao faraó reforçavam ainda mais sua natureza divina e seu papel como guardião da Maat. Elementos como a coroa dupla, que representava a união do Alto e do Baixo Egito, e o uraeus, a cobra sagrada em sua testa, demonstravam seu domínio sobre a terra e sua proteção divina. O cetro e o flagelo, frequentemente empunhados pelo faraó, eram não apenas símbolos de poder, mas também representações de sua responsabilidade de liderar e disciplinar com justiça. Cada detalhe visual de sua aparência era projetado para comunicar sua conexão com os deuses e seu papel como mediador da ordem universal.

A figura do faraó transcendia as limitações de um líder humano comum, tornando-se a encarnação viva dos princípios espirituais e morais que sustentavam a sociedade egípcia. Sua presença garantia a continuidade da vida e a harmonia entre os mundos físico e espiritual. Dessa forma, o faraó era mais do que um governante; ele era o pilar da civilização egípcia, mantendo a estabilidade do cosmos e o equilíbrio da vida terrena por meio de sua relação única com o divino. Essa união entre poder político e espiritualidade era a base sobre a qual o Egito Antigo prosperava e se sustentava, perpetuando a crença em sua função indispensável para a ordem do universo.

No Egito Antigo, o faraó era mais do que um governante; ele era a encarnação viva do divino, um elo essencial entre os deuses e a humanidade. Sua posição transcendia a liderança política ou militar, sendo profundamente enraizada na espiritualidade e na ordem cósmica. Considerado o guardião de Maat, o princípio universal de verdade, justiça e equilíbrio, o faraó tinha a missão sagrada de assegurar que o mundo permanecesse em harmonia, protegendo seu povo e mantendo a prosperidade do reino. Essa responsabilidade elevava sua figura a um patamar sagrado, onde o poder não era apenas temporal, mas também espiritual, consolidando-o como a pedra angular da civilização egípcia.

A identidade divina do faraó era reforçada por sua associação direta com duas das principais divindades egípcias: Hórus e Rá. Como encarnação de Hórus, o deus falcão, ele representava a força, a liderança e a vitória sobre o caos. A narrativa de Hórus derrotando Seth, símbolo das forças destrutivas, tornava o faraó o defensor da ordem e o protetor do Egito contra ameaças externas e internas. Ao mesmo tempo, o faraó era visto como filho de Rá, o deus Sol e criador do universo. Essa filiação simbolizava sua ligação com a energia vital que sustentava a existência, tornando-o responsável por canalizar as bênçãos divinas para seu povo. Essa dualidade — como Hórus, o protetor terreno, e como filho de Rá, o emissário celestial — consolidava sua autoridade absoluta e sua sacralidade.

As funções religiosas do faraó refletiam essa conexão única com o divino. Ele era o sumo sacerdote de todos os templos do Egito, atuando como o principal intercessor entre os deuses e os homens. Durante os rituais, era ele quem fazia as oferendas às divindades, pedindo proteção, boas colheitas e prosperidade para o reino. Acreditava-se que apenas o faraó possuía a legitimidade divina necessária para se comunicar diretamente com os deuses, e isso fazia de suas ações rituais um componente vital para o equilíbrio universal. Essa posição também era expressa na construção de templos monumentais, considerados moradas terrenas dos deuses. Cada templo erguido sob o comando do faraó não apenas demonstrava sua devoção, mas também reafirmava sua autoridade como líder espiritual e político.

Os festivais religiosos eram outra área em que o faraó desempenhava um papel central. Essas celebrações, que marcavam os ciclos naturais e eventos históricos importantes, uniam o povo em torno de um propósito comum e reforçavam a crença na ordem cósmica. Durante o festival de Opet, por exemplo, o faraó participava de procissões sagradas que simbolizavam sua renovação espiritual e sua continuidade como mediador divino. Esses momentos eram carregados de significado, fortalecendo o vínculo entre o faraó, o povo e os deuses, e reafirmando o papel essencial do governante na manutenção de Maat.

Os símbolos associados ao faraó eram cuidadosamente projetados para comunicar sua natureza divina e sua autoridade suprema. A coroa dupla, composta pela coroa branca do Alto Egito (Hedjet) e a coroa vermelha do Baixo Egito (Deshret), simbolizava a união dos dois reinos sob seu governo. Esse símbolo de unidade não era apenas político, mas também espiritual, indicando que o faraó governava sobre toda a terra, integrando o físico e o divino. O uraeus, uma cobra sagrada que adornava sua testa, representava a deusa Wadjet, protetora do Baixo Egito, e era um emblema de proteção divina. O cetro "was" e o flagelo reforçavam sua autoridade como líder justo e disciplinador, enquanto a barba postiça, feita de ouro ou outro material precioso, destacava sua divindade e separação do humano comum.

Além desses símbolos, a própria imagem do faraó era cuidadosamente construída para destacar sua conexão com o sagrado. Ele era frequentemente representado em poses majestosas, realizando oferendas ou esmagando inimigos, ações que enfatizavam tanto sua devoção quanto seu poder. Essa representação visual era mais do que uma questão de arte; era uma afirmação simbólica de sua legitimidade e de sua centralidade no equilíbrio cósmico.

A responsabilidade do faraó em manter Maat era o fundamento de seu governo. Governar de acordo com os princípios de Maat significava promover a justiça, proteger os mais vulneráveis e assegurar que o Egito prosperasse. Qualquer falha em cumprir essas obrigações poderia perturbar a ordem divina, trazendo caos ao reino. Por isso, o faraó não era apenas uma figura de autoridade, mas também o responsável pela continuidade do ciclo de vida e pela harmonia entre os deuses, a natureza e os homens. Sua presença era uma garantia de que o cosmos permaneceria em equilíbrio, e sua ausência ou fraqueza era vista como um risco existencial.

A figura do faraó transcendia as limitações de um líder comum, consolidando-se como o mediador entre o eterno e o transitório. Sua missão sagrada de preservar a ordem cósmica fazia dele um pilar insubstituível da cultura e da religião egípcia. Cada ação sua, desde a construção de templos até sua participação em rituais, reforçava a crença de que ele era mais do que um homem: ele era um representante divino na terra, carregando nos ombros o destino do Egito. Essa união entre o poder político e espiritual foi a base que sustentou a civilização egípcia por milênios, e a figura do faraó permanece, até hoje, como um dos símbolos mais duradouros dessa conexão intrínseca entre o humano e o divino.

A figura do faraó, mais do que qualquer outro elemento da cultura egípcia, encapsulava a essência da civilização que representava. Ele era o ponto de convergência entre o mundano e o divino, uma presença viva que assegurava que o universo continuasse em harmonia e que o Egito florescesse tanto espiritualmente quanto materialmente. Sua autoridade, legitimada pela conexão direta com os deuses, era o alicerce de uma sociedade que via na ordem cósmica e na unidade de Maat a chave para sua sobrevivência e prosperidade. A vida do faraó não era apenas vivida para governar, mas para proteger e perpetuar o equilíbrio universal.

Os rituais, monumentos e símbolos associados ao faraó não eram meros atos de ostentação, mas reflexos tangíveis de sua importância como mediador divino. Cada templo construído, cada oferenda realizada e cada festival celebrado era um lembrete de sua responsabilidade de manter o elo entre os homens e os deuses. O faraó não era apenas um líder político, mas também um símbolo vivo de esperança, renovação e estabilidade, cuja presença reafirmava que as forças do caos seriam continuamente vencidas pela ordem e pela luz divina.

Essa visão do faraó como encarnação da Maat continua a ressoar na história como um dos legados mais notáveis do Egito Antigo. Sua figura transcende os séculos como um ícone de liderança sagrada, resiliência e harmonia universal. A ideia de que um governante pode ser o guardião de algo maior do que si mesmo – de uma ordem divina que sustenta toda a existência – é uma das contribuições mais fascinantes da cultura egípcia, que ainda inspira e encanta aqueles que buscam compreender a profundidade de sua espiritualidade e sua visão de mundo.

# Capítulo 26
## Sacerdotes e Templos

Os sacerdotes no Egito Antigo eram os guardiões do equilíbrio sagrado que sustentava a ordem do universo, conhecida como Ma'at. Sua existência transcendia o papel religioso; eles eram a ponte entre o divino e o mundo humano, responsáveis por garantir que as vontades dos deuses fossem respeitadas e manifestadas na Terra. Através de práticas meticulosamente planejadas, cerimônias diárias e um comprometimento absoluto com a pureza ritual, esses homens e mulheres asseguravam que o Egito permanecesse abençoado com fertilidade, segurança e prosperidade. Mais do que meros oficiantes, os sacerdotes eram os depositários de conhecimentos avançados sobre astronomia, medicina, matemática e escrita, que sustentavam não apenas a religiosidade, mas também a organização social e política da civilização.

Os templos, por sua vez, eram a representação física e espiritual da presença dos deuses entre os mortais. Essas estruturas majestosas não apenas refletiam o poder divino, mas também a riqueza e a influência dos faraós que as erguiam. Dentro desses complexos, tudo era projetado para evocar uma conexão direta com o cosmos: desde a orientação das entradas que alinhavam o templo aos movimentos celestiais, até a riqueza simbólica das imagens esculpidas nas paredes. O templo era o coração pulsante das cidades, não apenas como local de adoração, mas também como um centro administrativo e cultural. Os sacerdotes garantiam que os rituais realizados ali fossem precisos, uma tarefa que consideravam essencial para manter a harmonia universal.

Essa interação entre os sacerdotes e os templos era mais do que simbiótica; era o núcleo da sociedade egípcia. Os sacerdotes dependiam dos recursos abundantes dos templos para sustento e prestígio, enquanto os templos necessitavam da dedicação e do profundo conhecimento sacerdotal para continuar sendo o elo entre os homens e os deuses. Era uma relação que não apenas consolidava o poder espiritual no Egito Antigo, mas também mantinha uma base sólida para o avanço cultural, perpetuando tradições que ecoariam por milênios.

A organização da classe sacerdotal no Egito Antigo era uma representação fascinante da complexidade social e espiritual da época. No topo dessa pirâmide hierárquica estavam os Sumos Sacerdotes, cuja autoridade transcendia as fronteiras religiosas, influenciando também a política e a administração do reino. Eram os responsáveis por supervisionar os templos mais importantes, como o de Karnak ou de Luxor, e assegurar que as práticas religiosas ali realizadas estivessem de acordo com os preceitos divinos. Além disso, esses sacerdotes atuavam como conselheiros dos faraós, compartilhando seu vasto conhecimento em questões que iam desde interpretações de sonhos e sinais dos deuses até decisões administrativas.

Logo abaixo na estrutura estavam os sacerdotes leitores, uma classe distinta e de grande prestígio. Eram especialistas nos textos sagrados inscritos em papiros, paredes de templos e túmulos. Sua tarefa exigia um domínio completo da escrita hieroglífica e uma profunda compreensão da mitologia e da filosofia religiosa. Eles não apenas liam e interpretavam esses textos durante as cerimônias, mas também eram encarregados de preservá-los e transmiti-los às gerações futuras, garantindo que o conhecimento sagrado permanecesse intacto.

Os sacerdotes purificadores ocupavam outra posição crucial na hierarquia. Eles eram responsáveis por assegurar a pureza ritual necessária para que os rituais tivessem eficácia. Antes de cada cerimônia, esses sacerdotes se submetiam a rigorosos processos de purificação, incluindo banhos em águas sagradas e o uso de roupas de linho branco, consideradas puras. Eles também cuidavam da limpeza dos santuários, estátuas e outros objetos sagrados, garantindo que nenhum elemento de impureza interferisse na harmonia estabelecida entre os deuses e o povo.

Os sacerdotes embalsamadores, por sua vez, desempenhavam uma função que transcendia a vida terrena. Eram eles que preparavam os corpos para a jornada eterna, realizando o processo de mumificação com uma precisão quase científica. Cada etapa desse ritual era realizada com profundo respeito e reverência, seguindo um conjunto detalhado de práticas que incluíam a extração dos órgãos, o uso de natron para desidratação e a aplicação de unguentos aromáticos. O objetivo final era não apenas preservar o corpo, mas também assegurar que a alma tivesse um veículo adequado para sua vida no além.

Além desses, havia ainda sacerdotes especializados em áreas específicas, como música, dança e astronomia. Os músicos e dançarinos desempenhavam um papel importante nas cerimônias, utilizando seus talentos para agradar os deuses e criar uma atmosfera sagrada durante os rituais. Já os sacerdotes astrônomos observavam os movimentos celestiais, garantindo que as cerimônias estivessem alinhadas com os ciclos cósmicos. Esses especialistas contribuíam não apenas para os aspectos espirituais, mas também para os avanços culturais e científicos do Egito.

As funções desempenhadas pelos sacerdotes eram amplas e essenciais para o funcionamento dos templos e da sociedade como um todo. No dia a dia, esses homens e mulheres conduziam rituais que incluíam cânticos, orações e oferendas de alimentos, flores e perfumes aos deuses. Cada gesto e palavra pronunciada nesses rituais tinha um significado profundo, sendo cuidadosamente planejados para refletir a ordem cósmica. Durante os festivais religiosos, os sacerdotes assumiam um papel ainda mais central, liderando procissões e realizando cerimônias elaboradas que envolviam toda a comunidade.

A manutenção dos templos era uma tarefa contínua e meticulosa. Os sacerdotes garantiam que cada parte das instalações, desde as capelas internas até os jardins externos, estivesse impecavelmente preservada. As estátuas dos deuses, por exemplo, eram banhadas, vestidas e adornadas diariamente, como se fossem seres vivos. Essa atenção aos detalhes simbolizava a devoção dos sacerdotes e a crença de que os templos eram a morada terrena das divindades.

Os templos em si eram monumentos grandiosos que refletiam o poder e a espiritualidade do Egito. Cada templo era concebido como uma representação simbólica do cosmos, com sua arquitetura orientada para criar um eixo de conexão entre o mundo humano e o divino. Suas fachadas imponentes e colunas esculpidas com cenas mitológicas convidavam os devotos a adentrar um espaço onde o sagrado se tornava tangível. No coração do templo, protegido por camadas de corredores e câmaras, estava o santuário onde residia a estátua do deus. Apenas os sacerdotes e o faraó tinham permissão para entrar nesse espaço, reforçando a ideia de que a conexão direta com o divino era reservada a poucos escolhidos.

A relação entre sacerdotes e templos era profundamente interdependente. Enquanto os sacerdotes cuidavam dos templos e realizavam os rituais necessários para manter a harmonia universal, os templos garantiam o sustento e o prestígio da classe sacerdotal. Esses centros religiosos possuíam vastas terras agrícolas, oficinas, e até mesmo seus próprios rebanhos de gado, gerando recursos que sustentavam não apenas os sacerdotes, mas também a população em geral. Além disso, os templos eram guardiões do conhecimento, abrigando bibliotecas e escolas onde os sacerdotes ensinavam a escrita, a astronomia e outras ciências.

Por fim, os templos também serviam como locais de integração social e cultural. Durante os festivais, pessoas de todas as classes sociais se reuniam para participar de procissões, banquetes e celebrações, unindo a comunidade em torno de um propósito comum. A música, a dança e as ofertas coletivas criavam um ambiente de comunhão que reforçava os laços entre os deuses e o povo.

Essa dinâmica simbiótica entre sacerdotes e templos foi essencial para a longevidade e o sucesso da civilização egípcia. A dedicação dos sacerdotes em preservar a ordem cósmica e transmitir o conhecimento acumulado ao longo de gerações garantiu que as tradições do Egito Antigo continuassem a ressoar, mesmo milênios depois de seu auge.

Os sacerdotes do Egito Antigo desempenhavam um papel que ultrapassava a esfera religiosa, consolidando-se como alicerces do funcionamento da sociedade. Sua devoção à ordem cósmica, refletida em cada gesto e ritual, não era apenas uma prática espiritual, mas também uma expressão de responsabilidade social e cultural. Os templos, enquanto centros de espiritualidade e saber, eram os pilares que sustentavam essa estrutura, integrando religião, ciência e comunidade de maneira harmoniosa. A relação entre esses elementos não apenas moldou a identidade egípcia, mas também revelou um modelo único de equilíbrio entre o sagrado e o humano.

A preservação do conhecimento nos templos e a transmissão de práticas e saberes através das gerações demonstram como o Egito Antigo compreendia a importância da continuidade. Os sacerdotes, como guardiões desse legado, asseguravam que a ordem estabelecida pelos deuses não fosse apenas mantida, mas constantemente reforçada por meio da educação, do avanço cultural e da aplicação prática do que aprendiam. Nesse ciclo virtuoso, os templos não eram apenas construções de pedra, mas centros pulsantes de renovação espiritual e intelectual.

No coração dessa interação entre os sacerdotes, os templos e a sociedade, estava a noção de harmonia universal. Cada ritual, cada festival e cada ato de devoção tinha um propósito maior: manter intacto o elo entre o mundo terreno e o divino. Essa busca pela conexão eterna com os deuses ecoa como o maior triunfo da civilização egípcia, eternizando o papel dos sacerdotes e templos não apenas como símbolos de um passado glorioso, mas como testemunhas do profundo respeito que o Egito Antigo tinha pela ordem que sustentava seu mundo.

# Capítulo 27
# Festivais Religiosos

Os festivais religiosos no Egito Antigo eram verdadeiros pilares da sociedade, capazes de unir os ciclos naturais, a espiritualidade e a vida comunitária em celebrações repletas de simbolismo e significado. Mais do que simples ocasiões festivas, eles representavam momentos sagrados em que a humanidade se conectava diretamente com os deuses, reafirmando seu papel no grande equilíbrio cósmico conhecido como Ma'at. Durante essas celebrações, o Egito tornava-se um cenário vivo de devoção e alegria, onde cada ritual, procissão e oferenda reforçava a crença no poder divino como fonte de prosperidade e harmonia.

As festividades eram cuidadosamente planejadas para acompanhar os ritmos da natureza e os eventos celestes, criando uma conexão direta entre os acontecimentos terrenos e os ciclos universais. A cheia anual do Nilo, por exemplo, transformava-se em um espetáculo de gratidão aos deuses, simbolizando renovação e abundância. Por outro lado, festivais como os Mistérios de Osíris abordavam temas profundos da existência humana, como a morte e a ressurreição, oferecendo um vislumbre de esperança e transcendência espiritual. Esses momentos não eram apenas religiosos, mas também pedagógicos, reafirmando o papel das forças naturais e divinas na manutenção da ordem do mundo.

Além de seu caráter espiritual, os festivais religiosos desempenhavam um papel essencial na coesão social e na identidade cultural do Egito Antigo. Eles eram ocasiões em que todas as classes sociais podiam se reunir, compartilhar da mesma devoção e participar de um senso coletivo de propósito e celebração. Danças, músicas, procissões e banquetes transformavam os templos e as ruas em palcos de comunhão e renovação. Ao mesmo tempo, esses eventos permitiam aos egípcios desfrutar de momentos de leveza e alegria, reforçando não apenas sua conexão com o divino, mas também seus laços uns com os outros, perpetuando valores que sustentavam a civilização.

Os festivais religiosos no Egito Antigo eram um espetáculo singular, combinando espiritualidade, celebração e um profundo respeito pela natureza e pelo cosmos. Entre as festividades mais notáveis estava o Festival de Opet, que era um dos mais grandiosos e carregados de simbolismo. Celebrado anualmente, esse festival representava a renovação do poder divino do faraó, ligando-o à fertilidade e à vitalidade do Egito. Durante semanas, o evento mobilizava a sociedade em uma magnífica procissão em que as estátuas de Amon-Rá, Mut e Khonsu, deuses da tríade tebana, eram transportadas em barcas sagradas do Templo de Karnak ao Templo de Luxor. Essa jornada ritualística pelo Nilo era acompanhada por músicos, dançarinos e uma multidão fervorosa que seguia o cortejo com hinos e cânticos. O faraó, figura central da celebração, liderava a procissão, reafirmando sua conexão com os deuses e o papel de intermediário entre o mundo divino e o humano. A festividade era marcada por banquetes grandiosos, oferendas luxuosas, danças e uma explosão de música, que transformavam as ruas e os templos em um cenário de renovação espiritual e comunhão social.

Outro evento de enorme importância era a Festa da Inundação do Nilo. Essa celebração marcava o momento mais aguardado do ano: a cheia anual do rio que fertilizava as terras e garantia a sobrevivência do Egito. Sem o Nilo, a vida nas terras áridas seria impossível, e sua inundação era vista como uma dádiva divina. Nesse festival, rituais de agradecimento aos deuses eram realizados, especialmente a Hapi, divindade personificada do rio. Ofertas de frutas, grãos e flores eram lançadas nas águas, e cerimônias religiosas aconteciam às margens do Nilo para abençoar o ciclo de colheitas que viria. Era uma ocasião que reunia a população em torno de danças, festejos e uma celebração de gratidão, simbolizando a interdependência entre o homem, a natureza e os deuses.

O Festival de Sokar, por sua vez, carregava um tom mais sombrio e introspectivo, sendo dedicado ao deus falcão Sokar, guardião das necrópoles e associado aos ritos funerários. Realizado principalmente em Mênfis, esse festival tinha uma forte conexão com a crença na vida após a morte. As celebrações incluíam processões nas quais estátuas do deus eram levadas em barcos cerimoniais, simbolizando a jornada espiritual para o além. Era também comum a construção de barcos rituais em miniatura, que depois eram oferecidos como votos de proteção para os mortos em sua travessia no submundo. O festival reunia elementos de devoção, reflexão sobre a mortalidade e esperança na renovação eterna, aspectos fundamentais da espiritualidade egípcia.

Os Mistérios de Osíris, um dos festivais mais enigmáticos, estavam profundamente ligados à mitologia da morte e ressurreição do deus Osíris. Esses rituais secretos recriavam simbolicamente a história de Osíris, que foi assassinado por seu irmão Seth, mas restaurado à vida por Ísis e Néftis. Encenações teatrais representavam esse drama cósmico, desde o assassinato do deus até sua ressurreição, enquanto sacerdotes realizavam purificações e cerimônias de iniciação. Apenas um seleto grupo de iniciados tinha permissão para participar das etapas mais íntimas e profundas desses rituais, mas seu impacto era sentido em toda a sociedade. A celebração de Osíris transcendia o contexto meramente religioso, pois oferecia uma mensagem universal de esperança e renovação, lembrando os egípcios de que a vida poderia emergir da morte, e a ordem triunfaria sobre o caos.

Já o Festival de Bastet era uma celebração de alegria e festividade pura, dedicada à deusa gata Bastet, protetora do lar, da música e da dança. Realizado com destaque na cidade de Bubástis, esse festival era conhecido por sua atmosfera leve e descontraída. Milhares de pessoas de diferentes regiões viajavam para participar dos eventos, que incluíam procissões barulhentas em barcos decorados, com cantos e danças que ecoavam pelas margens do Nilo. O consumo de bebidas alcoólicas era abundante, e as ruas se enchiam de risos, música e banquetes. A festividade era um lembrete da importância de celebrar a vida e expressar gratidão pelos prazeres e pelas proteções cotidianas proporcionados pelos deuses.

Esses festivais não apenas honravam os deuses, mas também desempenhavam papéis cruciais na organização social e na identidade cultural do Egito. Ao marcar os ciclos da natureza, como as cheias do Nilo ou os movimentos dos astros, eles ajudavam a alinhar a vida terrena com a ordem cósmica. Além disso, ao reunir pessoas de todas as classes sociais em torno de um propósito comum, esses eventos fortaleciam os laços comunitários e promoviam a integração social. O senso de unidade que emergia dessas celebrações era essencial para perpetuar a estabilidade e os valores que sustentavam a civilização egípcia.

Os festivais também ofereciam momentos de renovação espiritual e entretenimento. Danças vibrantes, música hipnotizante, apresentações de acrobatas e malabaristas enriqueciam o ambiente festivo, proporcionando leveza e alegria em um contexto profundamente religioso. Era uma oportunidade para a população se libertar das pressões cotidianas, conectar-se com o divino e reafirmar sua fé na Ma'at, a ordem cósmica que mantinha o universo em equilíbrio.

Assim, os festivais religiosos no Egito Antigo iam muito além de celebrações espirituais. Eles eram a manifestação viva da cultura, da fé e da resiliência do povo egípcio, conectando a comunidade com os deuses e com os ciclos naturais que sustentavam sua existência.

Em meio a danças, procissões, oferendas e rituais elaborados, o Egito renovava seu compromisso com a harmonia universal, celebrando a vida em todas as suas formas e reafirmando sua crença em um cosmos ordenado e eterno.

Os festivais também desempenhavam um papel crucial na reafirmação do poder real e na ligação entre o faraó e o divino. Cada celebração era uma oportunidade para o faraó demonstrar sua autoridade como intermediário entre os deuses e o povo, reforçando sua legitimidade através de rituais e cerimônias públicas. A presença do faraó em festividades como o Festival de Opet ou a Festa da Inundação do Nilo simbolizava não apenas sua posição divina, mas também sua responsabilidade em manter o equilíbrio e a prosperidade do reino. Esse elo entre o monarca e os festivais fortalecia a identidade coletiva da nação e solidificava a hierarquia que sustentava a sociedade egípcia.

Além disso, o caráter pedagógico das festividades não pode ser subestimado. As histórias representadas nos Mistérios de Osíris ou as oferendas realizadas durante a Festa da Inundação transmitiam lições profundas sobre a ordem natural e os valores espirituais que guiavam a vida egípcia. Por meio de encenações, cânticos e rituais, as gerações mais jovens aprendiam sobre as tradições que moldavam sua cultura, enquanto a população em geral encontrava nos festivais um sentido de continuidade e pertencimento. Esses eventos, repletos de simbolismos e ensinamentos, garantiam que os preceitos da Ma'at permanecessem enraizados no coração de cada indivíduo.

Em meio à grandiosidade e à devoção dos festivais religiosos, o Egito Antigo celebrava a essência de sua existência: a harmonia entre o homem, a natureza e os deuses. Cada dança, cada cântico e cada oferenda ecoava o compromisso coletivo com a preservação do equilíbrio cósmico. Assim, os festivais não eram apenas momentos de celebração, mas também de profunda renovação, reafirmando a fé no divino e o papel de cada indivíduo na manutenção de um universo justo e ordenado. Através dessas celebrações, a civilização egípcia perpetuava sua conexão com o eterno, garantindo que os valores que sustentavam sua cultura permanecessem vivos, geração após geração.

# Capítulo 28
# Magia e Medicina

A visão de saúde no Egito Antigo transcendeu o corpo físico, combinando saberes científicos e espirituais em uma abordagem profundamente integrada. A magia e a medicina não eram vistas como práticas separadas, mas como forças complementares que agiam em harmonia para combater doenças e preservar o equilíbrio vital. Enquanto a medicina se baseava em observações empíricas, no estudo anatômico e no uso de plantas e minerais, a magia lidava com as dimensões invisíveis do sofrimento humano, afastando forças malignas e invocando a proteção divina. Essa união permitia que os egípcios tratassem tanto as causas visíveis quanto as influências ocultas das enfermidades.

Os egípcios acreditavam que a saúde dependia do equilíbrio entre corpo, alma e energia vital, uma conexão que podia ser rompida por maus espíritos, deuses irritados ou forças naturais desordenadas. Por isso, a cura não era apenas uma questão de tratar sintomas, mas de restaurar a harmonia integral. Feitiços, amuletos e rituais desempenhavam um papel essencial nesse processo, funcionando como instrumentos para afastar o mal e atrair a cura divina. A escolha precisa de palavras e símbolos nos feitiços e amuletos revelava a sofisticação com que os egípcios concebiam a magia, transformando-a em uma ferramenta poderosa e respeitada.

A medicina egípcia, embora fortemente influenciada pela magia, já demonstrava características de ciência prática. Os médicos realizavam exames detalhados e aplicavam tratamentos inovadores, como bandagens para fraturas e unguentos feitos de plantas medicinais. Eles combinavam métodos racionais de diagnóstico e terapia com intervenções mágicas, criando uma abordagem única e holística. Esse conhecimento foi cuidadosamente registrado em papiros médicos, que documentavam tanto as fórmulas mágicas quanto os tratamentos físicos, mostrando que a ciência e a espiritualidade estavam interligadas na busca pelo bem-estar. Essa integração entre magia e medicina refletia não apenas o pensamento egípcio, mas também uma visão universal e atemporal sobre a cura.

A magia no Egito Antigo era uma prática profundamente integrada ao cotidiano e à espiritualidade, envolvendo métodos variados para interagir com o invisível e o sobrenatural. Uma das ferramentas mais empregadas eram os feitiços, que consistiam em fórmulas verbais ou escritas cuidadosamente elaboradas para atingir objetivos específicos. Essas palavras possuíam um poder especial, ativado pela pronúncia correta ou pela escrita em papiros, pedras ou outros suportes. Os feitiços podiam curar doenças, afastar maus espíritos, atrair boa sorte ou até influenciar o comportamento de outras pessoas. A precisão era essencial: a escolha exata das palavras e sua entonação adequada eram vistas como elementos cruciais para garantir a eficácia do encantamento. Sacerdotes, curandeiros e magos eram os principais responsáveis por utilizar esses feitiços, e muitas vezes adaptavam suas fórmulas de acordo com o problema apresentado, demonstrando uma sofisticação impressionante em suas práticas.

Amuletos também desempenhavam um papel central na magia egípcia. Esses pequenos objetos, usados no corpo ou mantidos próximos às pessoas, carregavam um simbolismo específico que os conectava ao mundo divino. Cada material, forma e símbolo era escolhido com cuidado, pois determinava a função e o poder do amuleto. Por exemplo, o *olho de Hórus* era usado para proteção contra o mal, enquanto o escaravelho simbolizava renascimento e força vital. Os amuletos eram fabricados em pedra, metal, madeira ou faiança e frequentemente consagrados com rituais mágicos antes de serem entregues ao portador. Eles não apenas protegiam contra forças invisíveis, mas também serviam como fontes de cura e renovação, acompanhando o indivíduo em todos os aspectos de sua vida.

Além dos feitiços e amuletos, os rituais mágicos eram uma expressão poderosa da conexão entre os humanos e os deuses. Esses rituais envolviam gestos simbólicos, palavras cuidadosamente escolhidas, oferendas e invocações divinas. Por exemplo, para curar uma enfermidade, era comum que um sacerdote realizasse uma cerimônia diante de uma estátua de uma divindade, pedindo sua intervenção direta. Em alguns casos, partes do ritual incluíam a criação de representações simbólicas da doença – como uma figura de cera ou argila – que era destruída como forma de expulsar o mal. Cada gesto e palavra era planejado com minúcia, criando um espetáculo de devoção e intenção concentrada.

A medicina egípcia, por sua vez, também demonstrava um nível elevado de organização e conhecimento técnico. O processo começava com um exame físico detalhado, onde o médico observava os sintomas, verificava sinais vitais e avaliava a condição geral do paciente. Alguns métodos eram surpreendentemente modernos, como a análise do pulso e a observação de alterações na pele e nos olhos. Os médicos frequentemente se referiam ao estado do corpo como um "mapa" que indicava o equilíbrio entre forças internas e externas.

Embora esses exames fossem fundamentados em observações empíricas, havia momentos em que o diagnóstico dependia da magia. Nesse contexto, o médico podia recorrer a oráculos, interpretar sonhos do paciente ou utilizar amuletos específicos para "ler" os sinais espirituais associados à doença. Essa abordagem mista, combinando ciência e espiritualidade, era um reflexo da visão holística egípcia, onde corpo e alma eram inseparáveis.

O tratamento médico no Egito Antigo também era avançado para sua época. Os médicos empregavam uma ampla variedade de plantas medicinais, combinadas com minerais e substâncias de origem animal, para criar remédios eficazes. Unguentos, pomadas e poções eram preparados para tratar feridas, infecções e outras enfermidades. Por exemplo, o mel, conhecido por suas propriedades antimicrobianas, era aplicado em cortes e feridas para prevenir infecções, enquanto ervas como o cominho e a mirra eram utilizadas para aliviar dores e inflamações. Além disso, os médicos realizavam cirurgias simples, como o tratamento de fraturas, que eram imobilizadas com bandagens e talas.

No entanto, nenhum tratamento físico era considerado completo sem a intervenção mágica. Durante os procedimentos, feitiços eram recitados para garantir o sucesso do tratamento e afastar qualquer interferência sobrenatural. Um exemplo frequente era o uso de palavras mágicas para "convencer" a doença a abandonar o corpo do paciente ou para invocar o favor de divindades protetoras, como Ísis e Hórus. Essa combinação de práticas físicas e espirituais refletia uma abordagem integrada, onde o bem-estar do indivíduo dependia tanto da cura física quanto da restauração espiritual.

Os papiros médicos são testemunhas do vasto conhecimento acumulado pelos egípcios nesse campo. Documentos como o *Papiro Ebers*, o *Papiro Edwin Smith* e o *Papiro Kahun* revelam um panorama abrangente da medicina e da magia, incluindo descrições detalhadas de doenças, tratamentos e fórmulas mágicas. O *Papiro Ebers*, por exemplo, contém mais de 800 receitas e remédios, abordando desde problemas oftalmológicos até doenças internas. Já o *Papiro Edwin Smith* é um verdadeiro tratado de cirurgia, com descrições anatômicas precisas e orientações sobre como tratar ferimentos e fraturas. Esses textos não apenas preservaram o conhecimento técnico e espiritual do Egito, mas também inspiraram práticas médicas em culturas posteriores.

A relação entre magia e medicina era, portanto, inseparável e mutuamente enriquecedora. Enquanto a magia trabalhava no plano espiritual, afastando influências malignas e restaurando o equilíbrio energético, a medicina tratava os sintomas e promovia a cura física. Juntas, essas práticas formavam um sistema abrangente, no qual cada aspecto do ser humano era considerado e tratado com seriedade. Essa visão integrada de cura não apenas atendia às necessidades imediatas dos indivíduos, mas também reforçava a conexão entre o humano e o divino, perpetuando a crença na harmonia universal.

Ao combinar ciência prática com espiritualidade, os egípcios criaram um modelo de cura que transcende o tempo, oferecendo uma perspectiva valiosa sobre como tratar o ser humano em sua totalidade. Seja através de um feitiço, um amuleto ou uma poção medicinal, cada ato de cura era, em essência, uma reafirmação do equilíbrio cósmico e da crença na capacidade humana de restaurar a ordem diante do caos. A magia e a medicina no Egito Antigo não eram apenas práticas utilitárias, mas expressões profundas de um entendimento holístico e sagrado da vida.

A integração entre magia e medicina no Egito Antigo revela uma abordagem profundamente espiritual e científica que compreendia o ser humano como um todo interligado. Essa perspectiva não só tratava as enfermidades físicas, mas também reconhecia a influência de forças invisíveis sobre a saúde, seja por meio de rituais mágicos, seja pela intervenção direta de divindades. Ao conjugar práticas de cura que abrangiam desde o preparo de remédios à recitação de feitiços, os egípcios perpetuaram uma visão do mundo onde a harmonia cósmica estava ao alcance daqueles que buscavam o equilíbrio entre corpo, mente e espírito.

Esse equilíbrio era cuidadosamente registrado e transmitido através de gerações, preservado em papiros que combinavam ciência e misticismo. A coexistência de descrições anatômicas precisas e fórmulas mágicas não apenas garantiu a eficácia dos tratamentos, mas também conferiu significado espiritual à prática médica. O ato de curar era visto como uma aliança entre o saber humano e o poder divino, simbolizando a capacidade de reconstruir a ordem natural rompida por doenças ou forças externas. Dessa forma, cada cura representava um microcosmo do próprio universo egípcio: uma luta contínua pela restauração da Ma'at.

Por meio dessa interação singular entre magia e medicina, o Egito Antigo deixou um legado que ultrapassa os limites do tempo. Sua visão holística sobre a saúde ecoa em conceitos modernos, lembrando-nos de que a verdadeira cura é aquela que atende ao ser humano em todas as suas dimensões. Para os egípcios, cada feitiço pronunciado, cada amuleto consagrado e cada remédio preparado era uma reafirmação de que, mesmo diante das adversidades, a ordem e a harmonia podiam ser restauradas, sustentando a vida em sua conexão sagrada com o cosmos.

# Capítulo 29
# A Morte e o Renascimento

A visão egípcia sobre a morte estava profundamente ligada à ideia de continuidade, transformação e renovação. Para eles, morrer não significava um fim absoluto, mas uma passagem inevitável para uma nova forma de existência, onde a alma reencontrava a harmonia e perpetuava a essência da vida. Essa percepção transcendental tinha como base a observação dos ciclos naturais, como o fluxo e refluxo do Nilo, e era reforçada por mitos e rituais que integravam o cotidiano com o espiritual. A morte era uma etapa necessária e integrada ao ciclo universal, marcada não pela destruição, mas pela promessa de renascimento.

No Egito Antigo, o rio Nilo desempenhava um papel central na compreensão desse ciclo. As cheias, que traziam fertilidade e abundância, eram vistas como um renascimento anual, enquanto as vazantes, com sua aridez temporária, simbolizavam a morte que preparava a terra para um novo ciclo de vida. Essa dinâmica era não apenas agrícola, mas também espiritual, pois ensinava que toda perda carregava em si o potencial para a renovação. Essa ideia de transformação contínua foi imortalizada no mito de Osíris, o deus cuja morte violenta nas mãos de Seth culminou em sua ressurreição e ascensão como soberano do submundo. O mito consolidava a crença de que o renascimento era o destino final, desde que os devidos rituais fossem realizados.

A preparação para essa jornada pós-vida era meticulosa e essencial. A mumificação garantia a preservação do corpo como receptáculo para a alma, enquanto as tumbas e os textos funerários guiavam o falecido por um caminho repleto de desafios até alcançar a eternidade. Pinturas, hieróglifos e oferendas cuidadosamente posicionadas nas tumbas eram não apenas expressões artísticas, mas ferramentas espirituais que garantiam a continuidade da vida em outra dimensão. Os egípcios viam essas práticas como um investimento na eternidade, assegurando que a morte, longe de ser o fim, fosse o início de uma nova existência.

No Egito Antigo, o ciclo do Nilo representava a essência da existência, integrando a morte e o renascimento em uma dança perpétua que moldava não apenas a agricultura, mas também a visão espiritual dos egípcios. As cheias anuais, que transformavam as margens do rio em um cenário de fertilidade e abundância, eram um símbolo vívido de renovação. A terra antes seca e árida ganhava nova vida, reforçando a crença de que a morte – simbolizada pela vazante do rio – não era um fim, mas uma preparação necessária para o renascimento. Os egípcios observavam esse ciclo com reverência, compreendendo que o equilíbrio entre períodos de escassez e abundância era fundamental para a ordem cósmica e terrena. Essa conexão simbólica com o Nilo estava tão profundamente enraizada na cultura egípcia que se tornou a base de sua percepção sobre o ciclo da vida.

O mito de Osíris cristalizou essa visão, tornando-se um dos pilares mitológicos mais significativos da civilização egípcia. Osíris, o deus da vegetação e do submundo, foi brutalmente assassinado por seu irmão Seth, que fragmentou seu corpo e o espalhou pelo Egito. Entretanto, sua esposa, Ísis, com a ajuda de Néftis e Anúbis, reuniu e ressuscitou Osíris, que renasceu para se tornar o soberano do além. Essa narrativa não apenas refletia os ciclos da natureza – com a vegetação "morrendo" no inverno e "renascendo" na primavera – mas também oferecia uma mensagem de esperança e continuidade. Osíris personificava a certeza de que a morte era apenas uma etapa em direção a um estado superior de existência. Ao reverenciar esse mito, os egípcios reafirmavam a crença de que, com a devida preparação e os rituais adequados, qualquer um poderia transcender o fim físico e alcançar a vida eterna.

A preparação para o além-mundo era uma tarefa cercada de meticulosidade e simbolismo, e os rituais funerários desempenhavam um papel essencial nesse processo. A mumificação, uma prática profundamente ritualística, tinha como objetivo preservar o corpo físico para que ele servisse como receptáculo para a alma no além. Esse processo não era apenas técnico, mas carregado de significados espirituais. Após a morte, o corpo era cuidadosamente lavado, purificado e tratado com unguentos e resinas. Os órgãos internos, exceto o coração, eram removidos e armazenados em vasos canópicos protegidos por deuses guardiões. Em seguida, o corpo era envolvido em tiras de linho e adornado com amuletos, como o *olho de Hórus* ou o escaravelho, para garantir proteção durante a jornada espiritual.

As tumbas eram mais do que locais de descanso eterno; eram verdadeiras "casas da eternidade". Decoradas com pinturas vibrantes e hieróglifos meticulosamente gravados, elas contavam histórias da vida do falecido e ofereciam feitiços e instruções essenciais para navegar pelo além-mundo. Textos funerários como o *Livro dos Mortos* eram frequentemente colocados nas tumbas, funcionando como manuais espirituais. Esses textos detalhavam os passos necessários para enfrentar os desafios do submundo, incluindo a travessia de rios perigosos, o confronto com criaturas hostis e, por fim, o julgamento diante de Osíris. Nesse julgamento, o coração do falecido era pesado contra a pena de Ma'at, símbolo da verdade e da ordem. Se o coração fosse mais leve, a alma era considerada digna de entrar no paraíso eterno. Caso contrário, ela era devorada por uma criatura temível, chamada Ammit.

Os egípcios, porém, não viam a morte apenas como um momento de temor ou provação, mas como uma transformação natural que se refletia nos símbolos presentes em sua arte e cultura. O escaravelho era uma das representações mais marcantes dessa crença. Ao rolar sua bola de esterco – onde depositava seus ovos –, o escaravelho parecia dar vida ao que antes era inanimado. Esse comportamento foi associado ao ciclo solar, com o sol "renascendo" a cada manhã. O escaravelho, portanto, tornou-se um símbolo poderoso de renascimento e renovação, sendo amplamente usado em amuletos funerários.

Outro símbolo de renascimento era a fênix, um pássaro mitológico que renascia das próprias cinzas. Embora essa figura tenha ganhado destaque em culturas posteriores, sua representação no Egito carregava um significado profundo de imortalidade e transformação cíclica. De forma semelhante, a semente, aparentemente "morta" ao ser enterrada, germinava e dava origem a uma planta nova, ilustrando a ideia de que a morte é o precursor da vida.

A própria dinâmica do Nilo, com suas cheias e vazantes, era talvez o símbolo mais onipresente da morte e do renascimento. A fertilidade trazida pelo limo depositado nas margens durante as cheias transformava a terra em um lugar de abundância, enquanto as vazantes lembravam que, para haver renovação, a escassez era necessária. Assim, o ciclo do rio tornava-se uma metáfora tangível para a existência humana, inspirando os rituais e mitos que sustentavam a visão egípcia da vida e da morte.

A crença no renascimento também permeava o cotidiano, oferecendo consolo e esperança diante da inevitabilidade da morte. Preparar-se para o além era uma forma de reafirmar a continuidade da vida em outra dimensão, onde as almas se reuniriam com os deuses e desfrutariam de uma existência eterna e harmoniosa. Essa visão holística da morte como parte de um ciclo maior não apenas moldava os rituais funerários, mas também influenciava a forma como os egípcios viviam. A morte não era um evento isolado ou trágico, mas uma transição cuidadosamente planejada, que conectava os indivíduos ao fluxo eterno do cosmos.

Em última análise, a cultura egípcia via na morte uma oportunidade de renascimento. Através de seus mitos, rituais e símbolos, os egípcios transformaram o desconhecido em algo compreensível, dando à morte um propósito maior e uma promessa de continuidade. A cada cheia do Nilo, a cada semente que germinava e a cada sol que nascia, eles viam o reflexo de sua própria jornada espiritual – um ciclo interminável de vida, morte e renovação. Essa crença não apenas moldou a espiritualidade egípcia, mas também deixou um legado duradouro de esperança e resiliência frente à transitoriedade da existência.

A conexão entre a morte e o renascimento no Egito Antigo era uma expressão da harmonia cósmica, em que a vida fluía como o curso do Nilo, alternando entre momentos de plenitude e quietude, mas sempre renovando sua força. Para os egípcios, a jornada pós-vida era uma reafirmação dessa ordem universal. Os rituais minuciosos, a arte simbólica e as práticas funerárias revelavam um profundo compromisso com a eternidade, em que cada detalhe era uma ponte entre o mundo terreno e o divino. A preservação do corpo e os guias espirituais não eram apenas tradições, mas um testamento de uma civilização que enxergava o infinito dentro de cada ciclo natural.

Os mitos, como o de Osíris, não apenas explicavam a natureza cíclica da existência, mas também traziam conforto e direção em meio às incertezas da morte. O renascimento do deus, trazido à vida por Ísis, servia como uma promessa de que a alma, devidamente preparada, poderia transcender o fim físico e encontrar a plenitude no além. Essa visão de continuidade moldava os valores e os comportamentos dos egípcios, guiando suas escolhas na vida com a certeza de que a morte não era um destino final, mas um portal para algo maior e eterno.

 A cada ritual, a cada amuleto colocado no corpo de um falecido, e a cada história gravada nas paredes das tumbas, os egípcios reforçavam sua crença na permanência da vida além do que os olhos podiam ver. A morte, para eles, não era uma ruptura, mas uma transformação – um passo necessário para a fusão com a ordem cósmica. Com essa percepção, o Egito perpetuava uma visão de vida que não apenas aceitava a transitoriedade, mas a abraçava como parte essencial da jornada universal.

# Capítulo 30
## Preparação para o Além

A preparação para a vida após a morte era uma jornada contínua e central na existência dos egípcios, permeando todos os aspectos de sua cultura e religiosidade. A crença de que a morte representava apenas uma transição para outra forma de vida impulsionava a dedicação a práticas que assegurassem não apenas a sobrevivência da alma, mas também seu conforto e prosperidade no além. Esse processo começava muito antes do falecimento físico, com ações concretas e simbólicas que refletiam o desejo de harmonizar o presente terreno com a eternidade espiritual.

Desde cedo, os egípcios se empenhavam em garantir que sua jornada no além fosse bem-sucedida. A construção de uma tumba apropriada, por exemplo, era um passo essencial, concebida como um espaço sagrado onde o falecido pudesse habitar e receber oferendas dos vivos. Cada detalhe dessa "casa da eternidade" era planejado para replicar o ambiente terrestre, desde as decorações representando cenas cotidianas até os textos gravados nas paredes, como os feitiços do "Livro dos Mortos", que orientavam a alma pelos desafios do submundo. Não era apenas um local de repouso, mas um microcosmo que unia a materialidade da existência terrena ao plano divino da eternidade.

Outro elemento crucial nesse preparo era a preservação do corpo por meio da mumificação. Para os egípcios, o corpo físico era indispensável na continuidade da existência da alma, e sua conservação era tratada como uma arte e um ritual sagrado. O complexo processo de mumificação, com sua remoção de órgãos, uso de natrão para desidratação e o cuidadoso enfaixamento com linho, refletia não apenas o domínio técnico, mas também a profunda reverência pela conexão entre corpo e espírito. Amuletos mágicos colocados entre as faixas de linho eram escolhidos para proteger e guiar a alma, simbolizando o cuidado contínuo com o bem-estar do falecido, mesmo após sua partida.

Além dos rituais materiais, os egípcios também priorizavam o preparo espiritual e ético para o além. A busca por uma vida virtuosa, alinhada aos princípios de Maat — a personificação da verdade, justiça e equilíbrio —, era um imperativo moral. Somente aqueles que levassem uma vida justa e honesta poderiam esperar passar pelo julgamento de Osíris e alcançar a vida eterna em um paraíso pleno. Essa preparação não era apenas uma antecipação da morte, mas uma maneira de viver que refletia a ordem cósmica, garantindo que a transição para a eternidade fosse uma extensão natural de uma vida vivida em harmonia com o universo.

No Egito Antigo, a preparação para o além era uma jornada que começava em vida, refletindo o profundo compromisso com a eternidade e a crença de que a morte era apenas uma transição para uma nova existência. Esse processo envolvia uma combinação meticulosa de práticas materiais e espirituais, projetadas para assegurar que o falecido não apenas sobrevivesse no além, mas também desfrutasse de conforto e prosperidade. Uma das etapas mais importantes dessa preparação era a construção de tumbas, concebidas como "casas da eternidade".

As tumbas variavam em complexidade, dependendo do status social do indivíduo. Faraós e nobres eram sepultados em monumentos impressionantes, como pirâmides, mastabas e hipogeus decorados com riqueza, enquanto pessoas comuns descansavam em tumbas mais simples, feitas de adobe ou escavadas na rocha. Independentemente do tamanho, cada tumba era projetada com um objetivo claro: criar um ambiente familiar e funcional para o falecido. Suas paredes eram adornadas com cenas do cotidiano, oferendas aos deuses e passagens extraídas de textos funerários como o *Livro dos Mortos*. Essas representações não eram meramente decorativas; elas possuíam uma função prática, servindo como uma forma simbólica de "provisões" e orientação para a jornada da alma pelo além-mundo. Assim, a tumba não era apenas um lugar de descanso, mas um santuário espiritual e uma ponte entre o mundo dos vivos e o dos mortos.

Além das tumbas, a mumificação desempenhava um papel central na preparação para a vida após a morte. Para os egípcios, o corpo era indispensável para a continuidade da existência da alma no além, pois acreditavam que a alma precisava de um local para habitar. O processo de mumificação era um ritual sagrado e técnico que visava preservar o corpo contra a decomposição. Ele começava com a remoção dos órgãos internos, que eram cuidadosamente tratados e armazenados em vasos canópicos protegidos por divindades específicas. Em seguida, o corpo era desidratado com natrão, um sal natural, e depois envolvido em faixas de linho embebidas em resinas aromáticas para maior conservação. Durante esse processo, amuletos mágicos eram colocados entre as faixas, cada um com uma função específica, como proteção, orientação e fortalecimento espiritual do falecido. Após concluída, a múmia era depositada em um sarcófago ricamente decorado, que simbolizava tanto a proteção quanto a identidade do indivíduo na eternidade.

No entanto, não bastava apenas preparar o corpo físico. Os egípcios também acreditavam que a alma precisava de provisões materiais para sobreviver no além-mundo. Assim, as tumbas eram abastecidas com alimentos, bebidas, roupas, ferramentas, joias e até mesmo móveis. Esses itens, chamados de "provisões funerárias", eram cuidadosamente escolhidos para garantir que o falecido tivesse tudo de que necessitava para viver com conforto e dignidade em sua nova existência. Embora a quantidade e a qualidade dessas oferendas variassem de acordo com o status social, até mesmo os indivíduos mais humildes tentavam garantir que suas tumbas contivessem ao menos um suprimento básico para o além.

Outra parte crucial da preparação para o além era o estudo e a utilização de textos funerários. Esses documentos, como o *Livro dos Mortos*, o *Livro das Portas* e os *Textos das Pirâmides*, continham feitiços, orações, hinos e instruções detalhadas para ajudar a alma a navegar pelo submundo e superar os desafios que encontraria em sua jornada. Cada feitiço era projetado para proteger o falecido contra forças malignas, guiar sua alma pelas passagens labirínticas do além e garantir sua admissão no paraíso eterno. Por exemplo, um feitiço comum ajudava a garantir que o coração do falecido "não testemunhasse contra ele" durante o julgamento final. Esses textos, muitas vezes gravados nas paredes das tumbas ou escritos em papiros, eram considerados essenciais para que a alma alcançasse a imortalidade.

Entretanto, a jornada para o além não dependia apenas de rituais e oferendas materiais. A conduta em vida era vista como fundamental para o destino da alma. Viver de acordo com os princípios de Ma'at – a personificação da verdade, justiça e equilíbrio – era considerado um pré-requisito para a felicidade eterna. Isso significava agir com honestidade, compaixão e respeito pelos outros, bem como cumprir as obrigações religiosas e sociais. Após a morte, o falecido enfrentaria o julgamento de Osíris, onde seu coração seria pesado contra a pena de Ma'at. Apenas aqueles cujo coração fosse mais leve que a pena seriam considerados dignos de entrar no paraíso, enquanto os que falhassem seriam condenados ao esquecimento eterno. Assim, a busca por uma vida virtuosa não era apenas uma preparação espiritual, mas uma garantia de que a transição para o além seria harmoniosa.

A preparação para o além também incluía uma dimensão comunitária e familiar. Era comum que os familiares continuassem a realizar rituais e oferendas após o sepultamento, garantindo que o falecido recebesse sustento espiritual e proteção contínua. Festivais como o "Festival do Vale", dedicado a honrar os mortos, eram oportunidades para renovar os laços entre os vivos e os falecidos, reafirmando a conexão entre as gerações.

Portanto, a preparação para a vida após a morte no Egito Antigo era uma expressão de profunda fé na continuidade da existência e no poder da harmonia cósmica. Desde a construção de tumbas elaboradas até o domínio técnico da mumificação, passando pelo estudo dos textos funerários e pela prática de uma vida virtuosa, cada aspecto dessa preparação refletia um compromisso coletivo e individual com a eternidade. Para os egípcios, a morte não era algo a temer, mas um momento de transição que exigia cuidado, dedicação e reverência. Essa visão holística da morte e da eternidade permitiu que a civilização egípcia deixasse um legado duradouro de espiritualidade, arte e sabedoria que continua a inspirar e fascinar o mundo até hoje.

Na serenidade das areias do deserto e na majestade de suas construções eternas, os egípcios moldaram uma concepção única da morte, que enxergavam não como um fim, mas como uma passagem para um estado de existência mais elevado. Esse entendimento transcendia o aspecto individual e permeava todos os níveis da sociedade, unindo gerações em um mesmo propósito: a manutenção da ordem universal. Mesmo na vida cotidiana, cada ato, cada decisão carregava o peso de uma preparação para esse destino final, como se cada instante fosse um fragmento do infinito.

Ao combinar práticas tangíveis e valores intangíveis, os egípcios criaram um equilíbrio impressionante entre o mundo físico e o espiritual. Cada amuleto colocado com cuidado entre as bandagens da múmia, cada feitiço entoado nas paredes das tumbas, e cada oferenda depositada pelos vivos revelavam a complexidade de um sistema que buscava garantir não apenas a imortalidade, mas também o sentido de continuidade e pertencimento. Para eles, morrer não era desaparecer, mas ingressar em um ciclo perpétuo de renovação, onde a alma, preservada pelo legado de sua existência terrena, reencontrava o cosmos.

E assim, a imagem do Egito Antigo permanece como uma lembrança viva da busca humana por significado, transcendência e eternidade. Seus templos e tumbas, gravados com símbolos de sua devoção e esperança, falam ainda hoje de uma cultura que, ao encarar a finitude, descobriu na morte uma oportunidade de eternizar a vida. Sob o olhar vigilante de Osíris e com o coração equilibrado pela pena de Maat, os antigos egípcios nos legaram não apenas um testemunho de sua fé, mas uma visão que ultrapassa o tempo, inspirando reflexões sobre a essência e o destino da alma.

# Capítulo 31
## O Julgamento Interior

O julgamento interior reflete a profunda necessidade humana de avaliar, compreender e alinhar-se com os princípios universais de justiça, verdade e equilíbrio. Mais do que um evento isolado ou um mero conceito religioso, ele representa um processo contínuo e inevitável na jornada da existência. Desde os primeiros momentos de autoconsciência, somos confrontados por um tribunal invisível dentro de nós, onde nossos valores, ações e intenções são pesados e confrontados com padrões éticos e morais. Esse tribunal não se limita ao aspecto punitivo; ele funciona como uma ferramenta de evolução, exigindo que enfrentemos nossas falhas e reconheçamos nossas virtudes em busca de um estado mais elevado de harmonia interior.

A ideia da balança que pesa o coração contra a pena da verdade e da justiça transcende sua simbologia egípcia para se tornar uma metáfora universal do equilíbrio interno. Cada decisão tomada ao longo da vida, cada emoção experimentada e cada pensamento cultivado adicionam peso à balança da consciência. Quando a verdade, a justiça e a compaixão guiam nossas ações, o coração se torna leve, permitindo-nos acessar uma paz profunda e duradoura. No entanto, quando nossas ações se distanciam desses princípios, o peso dos erros e arrependimentos se acumula, gerando sofrimento interno que exige reflexão e transformação para ser aliviado. Esse mecanismo não é apenas uma fonte de autorregulação, mas também uma porta de entrada para o autoconhecimento.

Confrontar os aspectos mais íntimos e ocultos de nossa psique, representados pelos "juízes interiores", é um ato de coragem e honestidade. Cada valor ou princípio ético que negligenciamos ou desrespeitamos é uma voz que ecoa em nosso tribunal interno, exigindo explicações e, eventualmente, mudanças. Este confronto nos convida a abandonar a negação e a justificativa para abraçar uma postura de responsabilidade plena. É um chamado para reconhecer que o verdadeiro julgamento não vem de forças externas, mas do alinhamento – ou desalinhamento – entre nossas ações e os valores que escolhemos cultivar. Essa busca pelo equilíbrio exige constante esforço, mas oferece, como recompensa, a liberdade emocional e espiritual que advém de viver em coerência com quem realmente somos.

A balança de Maat, símbolo ancestral do julgamento divino, é uma representação poderosa da balança interior que carregamos em nossa consciência. Assim como na mitologia egípcia, onde o coração do falecido era pesado contra a pena da verdade e da justiça, nossas ações, pensamentos e emoções se acumulam sobre os pratos invisíveis da consciência. Esse equilíbrio interno não é apenas uma metáfora; é uma dinâmica viva e contínua. Quando nossas escolhas estão alinhadas com a verdade, a justiça e o bem, o coração se mantém leve, e a paz interior floresce. Mas, ao contrário, quando alimentamos remorsos, arrependimentos e erros, o peso emocional se acumula, dificultando nossa evolução espiritual. Esse estado de desequilíbrio é como uma tempestade interna que exige, para se dissipar, uma análise honesta de nossos atos e intenções.

Esse processo de ajuste interno encontra sua maior expressão na confissão e no autoconhecimento. A Confissão Negativa, entoada pela alma no Tribunal de Osíris, ilustra esse momento em que nos confrontamos com nossos próprios desvios. Não se trata apenas de negar pecados, mas de reconhecê-los, enfrentá-los e, sobretudo, de lamentá-los. É um exercício de coragem, pois exige encarar não apenas nossas falhas, mas também as razões que nos levaram a cometê-las. Esse ato de confissão não precisa ser verbalizado ou dirigido a uma força externa. Muitas vezes, ele se manifesta na introspecção silenciosa, na aceitação sincera de quem fomos e na promessa renovada de nos tornarmos melhores. Ao nos libertarmos do peso do passado por meio do arrependimento genuíno, somos capazes de avançar mais leves em nossa jornada de autotransformação.

No entanto, o enfrentamento mais desafiador reside no confronto com os juízes interiores, que, assim como os quarenta e dois juízes do Tribunal de Osíris, são múltiplos e implacáveis. Cada um deles representa um valor ou princípio ético que, em algum momento, negligenciamos ou violamos. Esses juízes não podem ser enganados, e seus veredictos não são emitidos com parcialidade. Eles vivem em nossa consciência e se expressam através da culpa, da inquietação e da insatisfação consigo mesmo. Enfrentar esses aspectos exige mais do que arrependimento superficial; requer uma reflexão profunda sobre os motivos e os efeitos de nossas escolhas. Mais importante ainda, demanda a coragem de reformular nossa conduta e de reconstruir os alicerces de nossos valores, para que estejam mais sólidos e alinhados com a nossa verdade.

O julgamento interior, entretanto, não é um evento único, mas um processo contínuo que nos acompanha ao longo da vida. A cada decisão tomada, seja grande ou pequena, enfrentamos uma avaliação sutil, mas significativa, de nossa consciência. É nesse momento que surge a oportunidade de retificação, de aprendizado e de crescimento. Essa busca pela paz interior não é um caminho linear ou simples. Ela exige que reconheçamos nossas falhas sem nos afundarmos nelas, que aprendamos com nossos erros sem permitirmos que eles nos definam. Cultivar virtudes como a honestidade, a compaixão e a justiça é o que nos aproxima do equilíbrio necessário para viver em harmonia com nós mesmos e com os outros. Cada escolha alinhada a esses princípios é um passo em direção à serenidade e à plenitude.

No ápice desse processo, surge a perspectiva do julgamento final como uma libertação. Assim como a balança de Maat marcava o destino da alma no pós-vida, o momento da morte física pode ser visto como o clímax de nossa jornada de autorreflexão. Nesse instante, a alma revisita cada ato, cada pensamento, cada intenção, e finalmente confronta as consequências de suas escolhas. Não é um julgamento punitivo, mas uma oportunidade de transformação e purificação. Reconhecer os erros, aceitar as limitações e reconciliar-se consigo mesmo são os passos finais que levam à liberdade e à plenitude espiritual. É nesse reconhecimento de que somos imperfeitos, mas capazes de crescer, que reside a verdadeira redenção.

A metáfora do julgamento da alma no Tribunal de Osíris nos convida, portanto, a refletir profundamente sobre o julgamento interior que enfrentamos em nossa existência terrena. Essa reflexão não é uma prisão; é um caminho para a liberdade. O reconhecimento de nossos erros e a busca pela reconciliação com nós mesmos não apenas nos aproximam da paz interior, mas também nos libertam das amarras do sofrimento. Afinal, alcançar a verdadeira felicidade e a liberdade espiritual depende de nossa capacidade de aprender, crescer e, acima de tudo, viver em coerência com quem realmente somos.

O julgamento interior, com sua carga de desafios e revelações, é, na verdade, uma ferramenta de autodomínio e reinvenção. Ele nos convida a abandonar as máscaras que construímos ao longo do tempo e a encarar quem somos em essência, sem filtros ou ilusões. Nessa travessia interna, os erros deixam de ser condenações eternas e passam a ser marcos de aprendizado, enquanto as virtudes tornam-se guias que iluminam nosso caminho. É um processo que não exige perfeição, mas uma sinceridade profunda e a disposição de recalibrar a balança sempre que necessário. Essa dinâmica entre erro e redenção nos molda e nos prepara

para enfrentar o mais importante dos tribunais: aquele que habita dentro de nós.

Nesse confronto íntimo, encontramos não apenas nossos limites, mas também nossa imensa capacidade de transformação. As falhas reconhecidas com humildade tornam-se sementes de mudança, enquanto o esforço em alinhar nossos atos com nossos valores gera um ciclo virtuoso de crescimento. Assim como a balança de Maat, que exige um coração leve para alcançar o equilíbrio, o processo de autoavaliação nos desafia a abandonar pesos desnecessários: culpas que já cumpriram seu propósito, arrependimentos que não mais impulsionam ação, e julgamentos que nos afastam da empatia. Ao aprender a nos perdoar, também aprendemos a viver de maneira mais leve e autêntica, conectando-nos de forma mais profunda com o mundo ao nosso redor.

A jornada do julgamento interior, com todas as suas complexidades, é a prova de que a evolução não acontece sem esforço. É um caminho que exige paciência e coragem, mas que oferece, em troca, a possibilidade de vivermos em paz com nós mesmos. Esse equilíbrio interno não é um destino, mas um estado que cultivamos continuamente, com cada escolha e cada pensamento. Ao abraçar essa verdade, descobrimos que o verdadeiro julgamento não se trata de condenação, mas de uma oportunidade constante de nos tornarmos versões melhores de nós mesmos. E, no fim, é esse processo contínuo de autotransformação que nos permite caminhar pela vida com um coração leve, alinhado ao que há de mais verdadeiro em nossa essência.

# Capítulo 32
# Maat e a Vida Ética

A essência de Maat como princípio ético transcende os limites do Egito Antigo e se manifesta como um chamado universal para a construção de uma vida equilibrada e justa. Maat simboliza a interconexão entre a ordem cósmica e a conduta humana, estabelecendo que a harmonia do universo está intrinsecamente ligada à ética individual e coletiva. Seu papel não se restringe à esfera religiosa ou política, mas permeia cada escolha, cada relacionamento e cada ação do cotidiano, tornando-se um guia atemporal para viver em coerência com os valores mais elevados da existência. A presença de Maat reforça que a verdadeira justiça e ordem surgem quando se reconhece a responsabilidade de alinhar o comportamento humano às leis imutáveis da verdade e da harmonia universal.

Os princípios de Maat moldam uma ética prática que exige mais do que conformidade superficial; eles demandam comprometimento genuíno com a verdade, a equidade e o equilíbrio. A busca pela verdade é mais do que a rejeição da mentira; é a busca pela autenticidade, pela integridade de pensamento e de palavra, permitindo que a convivência entre os indivíduos se baseie na confiança mútua. A justiça, por sua vez, não é apenas um conceito jurídico, mas uma prática de empatia e imparcialidade, onde cada ação considera seu impacto sobre o próximo e o bem coletivo. O equilíbrio se reflete no esforço contínuo de reconciliar opostos, de promover estabilidade interna e externa, enquanto a ordem representa a valorização de sistemas e estruturas que respeitam e mantêm a harmonia social e cósmica.

A aplicação prática dos valores de Maat no cotidiano exige um profundo nível de autoconsciência e disciplina. Nos relacionamentos interpessoais, isso se traduz em atos de honestidade, compaixão e respeito mútuo, reconhecendo que cada indivíduo é parte de um todo maior. No trabalho, a dedicação, a excelência e a ética profissional refletem a integridade exigida por Maat, onde o mérito e a justiça são celebrados acima da ambição desmedida. Dentro da família, os valores de Maat promovem a educação ética das gerações futuras, criando laços baseados em amor e respeito. E, no âmbito comunitário, ela inspira a busca pelo bem comum, incentivando a cooperação e combatendo a discórdia e o individualismo excessivo. Assim, Maat é o elo que une a esfera pessoal à coletiva, tornando a vida ética um reflexo da própria harmonia universal.

A essência de Maat, como princípio ético, ultrapassa as fronteiras do Egito Antigo para se afirmar como um chamado universal à construção de uma vida que honra a justiça, a verdade e o equilíbrio. Dentro desse ideal, a interconexão entre a ordem cósmica e a conduta humana se revela uma relação intrínseca: a harmonia do universo reflete-se, diretamente, na ética individual e coletiva. Não confinada à esfera religiosa ou política, Maat é um guia onipresente que permeia cada escolha, cada interação e cada ato de nosso cotidiano. Representa a certeza de que a verdadeira justiça e a ordem universal surgem quando reconhecemos que somos responsáveis por alinhar nosso comportamento às leis imutáveis da verdade e da harmonia. Este chamado é, em essência, um convite a viver em coerência com os valores mais elevados da existência.

Os princípios de Maat compõem uma ética prática que transcende a mera obediência superficial e demanda comprometimento genuíno. O conceito de verdade, por exemplo, vai além de simplesmente evitar mentiras. Ele implica na busca pela autenticidade, um esforço contínuo para manter a integridade não apenas nas palavras, mas também nos pensamentos e nas intenções. Quando a verdade é a base das relações humanas, a confiança mútua floresce, e a convivência se torna um reflexo do equilíbrio universal. Da mesma forma, a justiça em Maat não se limita a um ideal jurídico; ela é um exercício constante de empatia e imparcialidade, uma prática que nos obriga a considerar o impacto de nossas ações sobre o outro e sobre o bem coletivo. O equilíbrio, por sua vez, é um esforço para harmonizar os opostos – o bem e o mal, a vida e a morte, o caos e a ordem –, enquanto a ordem representa a manutenção de sistemas e estruturas que promovem estabilidade social e respeitam as leis cósmicas.

Viver segundo os valores de Maat exige um alto grau de autoconsciência e disciplina. Nas relações interpessoais, isso se manifesta por meio de honestidade, compaixão e respeito mútuo, reconhecendo que todos são parte de um todo maior. Ser guiado por Maat no cotidiano significa cultivar a capacidade de ouvir o outro, praticar generosidade e evitar ações motivadas por egoísmo ou vaidade. No trabalho, a dedicação e a responsabilidade refletem o comprometimento com a integridade, enquanto a busca pela excelência torna-se um caminho para a autorrealização e o benefício coletivo. A ética profissional de Maat condena a preguiça, a negligência e a corrupção, destacando o mérito e a equidade como valores essenciais. Já no âmbito familiar, Maat inspira laços baseados em amor e respeito. Pais são incentivados a educar seus filhos nos princípios de verdade, justiça e harmonia, enquanto os filhos são chamados a honrar e obedecer àqueles que os guiam. Assim, a prática de Maat transcende a esfera pessoal, conectando-se à coletiva, como um elo que une indivíduos e comunidades em torno de um propósito maior.

    Os valores de Maat, descritos em seus princípios, delineiam as bases para essa vida ética. A verdade, essencial para a harmonia social, exige que se evitem mentiras, enganos ou qualquer forma de falsidade. A justiça, que abrange equidade e imparcialidade, protege os vulneráveis enquanto responsabiliza os culpados, tanto na vida terrena quanto no além-mundo, onde a alma é julgada no Tribunal de Osíris. O equilíbrio, que sustenta a estabilidade entre forças opostas, demanda um esforço constante para reconciliar conflitos internos e externos. E a ordem, como pilar central, assegura a obediência às leis naturais e a harmonia entre humanos e divindades. Cada um desses elementos é uma peça fundamental na manutenção da estabilidade cósmica e na prosperidade social.

A aplicação prática desses princípios revela sua profundidade e alcance. Nas relações interpessoais, a presença de Maat estimula a prática de virtudes como honestidade, generosidade e compaixão, enquanto reprime ações nocivas, como traições ou violência. No ambiente profissional, a ética de Maat nos lembra que o trabalho não é apenas um meio de subsistência, mas um reflexo de nosso caráter, onde responsabilidade e dedicação devem prevalecer sobre a ganância. No âmbito comunitário, os princípios de Maat incentivam a solidariedade e a cooperação, combatendo o individualismo e a discórdia, enquanto promovem a busca pelo bem comum. Dentro do círculo familiar, Maat fortalece os laços entre os membros, valorizando a educação ética como legado às gerações futuras.

O papel do faraó no Egito Antigo exemplifica a responsabilidade de preservar Maat em sua totalidade. Como representante dos deuses na terra, o faraó tinha o dever de governar com sabedoria, justiça e compaixão, garantindo que a ordem e a harmonia fossem mantidas tanto entre os homens quanto no cosmos. Sua autoridade não era apenas política, mas também espiritual, e sua adesão aos princípios de Maat assegurava a estabilidade do reino e a felicidade do povo. A manutenção de Maat, portanto, não era apenas uma questão de liderança eficaz, mas também de alinhamento com as forças universais que regem a existência.

Finalmente, Maat encontra sua expressão mais simbólica no julgamento da alma no Tribunal de Osíris. Após a morte, o coração do falecido era pesado contra a pena de Maat, em uma avaliação que determinava se a pessoa havia vivido de acordo com seus princípios. A "Pesagem do Coração" não era apenas uma metáfora, mas uma lembrança de que nossas ações têm consequências eternas. Um coração leve indicava uma vida vivida em harmonia com a verdade e a justiça, concedendo à alma o direito de entrar no paraíso. Por outro lado, um coração pesado era sinônimo de desequilíbrio, desonestidade e desarmonia, levando à condenação e à aniquilação espiritual. Este conceito reforça a ideia de que a busca por Maat não é apenas um ideal ético, mas uma condição para a liberdade e a felicidade eterna.

Viver de acordo com os princípios de Maat é, portanto, um compromisso com a verdade, a justiça, o equilíbrio e a ordem em todos os aspectos da vida. Mais do que um conjunto de regras, Maat representa um ideal ético que guia as relações sociais e organiza a sociedade, promovendo a harmonia, a prosperidade e a felicidade. Esse legado ético, que floresceu no Egito Antigo, permanece como um exemplo atemporal de como o alinhamento entre valores pessoais e universais pode criar um mundo mais justo e equilibrado. Maat é a base da moralidade, um símbolo de sabedoria eterna que transcende épocas e culturas.

Maat, como essência e prática, é mais do que um conjunto de valores ou uma filosofia ética; é um espelho que reflete a conexão profunda entre a conduta humana e a ordem do cosmos. Em cada decisão tomada sob sua orientação, somos lembrados de que nossas ações não apenas moldam nossas vidas, mas também contribuem para o equilíbrio universal. Esse conceito transcende o indivíduo, mostrando que a harmonia do todo depende da cooperação e da responsabilidade de cada parte. Assim, viver segundo Maat é um ato de alinhamento com a verdade primordial que sustenta a existência, um compromisso constante de sermos guardiões não apenas de nossa própria moralidade, mas também da ordem que compartilhamos com o mundo ao nosso redor.

Essa busca por equilíbrio e justiça, representada pela pena de Maat, exige um esforço contínuo para enfrentar nossas falhas e reafirmar nossos valores. A prática diária de honestidade, compaixão e respeito é o que solidifica os laços entre indivíduos, famílias e comunidades, criando uma rede de harmonia que ecoa além do tempo. Mais do que um ideal inalcançável, Maat é uma prática viva que transforma pequenos gestos cotidianos em contribuições significativas para um bem maior. A justiça que ela exige não é punitiva, mas restauradora, buscando corrigir desequilíbrios e fortalecer a conexão entre as pessoas e o universo.

Ao viver em coerência com os princípios de Maat, encontramos não apenas um caminho ético, mas uma ponte para a realização pessoal e coletiva. Essa harmonia interna e externa nos ensina que o verdadeiro progresso não está na conquista de poder ou riqueza, mas no alinhamento com a verdade que transcende o indivíduo. Maat, com sua mensagem de justiça e equilíbrio, permanece uma lembrança de que a busca por uma vida virtuosa é também a busca por uma existência mais plena e integrada ao todo, onde a paz e a prosperidade se tornam reflexos naturais de uma vida vivida em sintonia com os pilares universais da criação.

# Capítulo 33
## A Busca pela Imortalidade

A busca pela imortalidade no antigo Egito era mais do que uma tentativa de evitar o fim da existência física; ela refletia o desejo profundo de perpetuar a conexão entre o humano e o divino, de preservar a essência individual além do tempo e de integrar-se à ordem cósmica eterna. Essa aspiração não era apenas uma negação do inevitável, mas uma manifestação de uma visão de mundo onde a morte não era o término, e sim uma transição para um estado superior de existência. Cada aspecto da vida e da cultura egípcia foi moldado por essa compreensão, transformando a busca pela imortalidade em uma das forças centrais que guiavam a espiritualidade, a moralidade e as práticas cotidianas.

Os métodos pelos quais os egípcios buscavam a eternidade revelam um equilíbrio entre o físico e o metafísico, o prático e o espiritual. A mumificação, por exemplo, era muito mais do que a preservação do corpo; ela simbolizava a crença de que a matéria e o espírito estavam intrinsecamente conectados, e que a continuidade de um dependia da integridade do outro. Da mesma forma, as elaboradas tumbas e os textos funerários demonstravam o entendimento de que a eternidade não era alcançada passivamente, mas exigia preparação consciente. Cada detalhe, desde os feitiços do "Livro dos Mortos" até as oferendas destinadas a sustentar a alma, fazia parte de uma estratégia cuidadosa para garantir que a jornada pelo além fosse segura e bem-sucedida.

Ainda mais profunda era a ligação entre a vida virtuosa e a promessa de eternidade. Viver em harmonia com os princípios de Maat não era apenas uma questão de conduta moral, mas uma forma de alinhar-se às leis universais que governavam tanto o mundo terreno quanto o espiritual. Essa integração entre ética e transcendência posicionava a imortalidade como uma conquista que dependia não apenas de rituais externos, mas de uma transformação interna. Aquele que agisse com justiça, compaixão e retidão não apenas garantiria um lugar no "Campo de Juncos", mas também alcançaria a paz de espírito necessária para enfrentar o julgamento final com confiança.

Portanto, a busca pela imortalidade era, ao mesmo tempo, uma jornada terrena e espiritual, exigindo esforços concretos e reflexões profundas. Ela inspirava os egípcios a se prepararem para a morte sem medo, mas com reverência, vendo nela não um fim, mas a continuidade de uma existência que transcendia os limites físicos e temporais. Essa visão não apenas conferia sentido à vida, mas também garantia que, mesmo diante da finitude, o ser humano pudesse encontrar consolo, esperança e a promessa de uma eternidade em harmonia com o divino.

A busca pela imortalidade no antigo Egito era mais do que a tentativa de prolongar a existência física; era um reflexo de um anseio profundo de conexão com o divino e de transcendência das limitações humanas. Nesse contexto, a morte não era vista como um fim definitivo, mas como uma transição para um estado mais elevado de existência, onde a essência individual se integrava à ordem cósmica eterna. Esse desejo de eternidade permeava todos os aspectos da cultura egípcia, desde práticas religiosas até decisões do cotidiano, sendo uma força central que moldava não apenas as crenças, mas também a moralidade e as ações.

Entre os muitos caminhos para alcançar a imortalidade, a preservação do corpo ocupava um lugar de destaque. A mumificação não era um simples ritual de preservação física; era uma prática fundamentada na crença de que o corpo e a alma estavam intrinsecamente ligados. Os egípcios acreditavam que, para que a alma pudesse viver no além-mundo, ela precisava de um corpo íntegro que servisse como sua morada. O processo de mumificação, meticuloso e repleto de significados espirituais, simbolizava esse compromisso com a continuidade entre o mundo material e o espiritual. A elaboração de tumbas majestosas também fazia parte desse esforço. Mais do que simples locais de descanso final, as tumbas eram verdadeiras "casas da eternidade", projetadas para abrigar o falecido e oferecer um espaço onde oferendas pudessem ser depositadas, assegurando que a alma fosse sustentada em sua jornada.

Os textos funerários, como o famoso "Livro dos Mortos", desempenhavam outro papel essencial nessa busca. Com feitiços, hinos e instruções detalhadas, esses textos funcionavam como guias para a alma, ajudando-a a superar os desafios do além-mundo e alcançar a vida eterna no "Campo de Juncos", o paraíso egípcio. Essas escrituras não apenas preparavam o falecido para o desconhecido, mas também reafirmavam os laços entre o mundo dos vivos e o dos mortos, uma vez que a memória e as ações dos vivos influenciavam diretamente o destino da alma.

A ligação entre a vida virtuosa e a promessa de eternidade era talvez a mais profunda expressão dessa busca. Os princípios de Maat, a deusa da verdade, justiça e ordem, ofereciam um roteiro ético para a existência terrena, garantindo que aqueles que vivessem em harmonia com essas leis universais seriam recompensados com a imortalidade. Viver de acordo com Maat exigia mais do que boas ações superficiais; demandava uma transformação interna, um alinhamento entre intenções, palavras e atos. Aqueles que agiam com retidão e compaixão não apenas conquistavam a paz de espírito durante a vida, mas também se preparavam para enfrentar o julgamento final com confiança.

Esse julgamento final era simbolizado pela "Pesagem do Coração" no Tribunal de Osíris. Aqui, o coração do falecido era colocado em uma balança e comparado com a pena de Maat, um símbolo da verdade. Um coração leve indicava uma vida vivida em alinhamento com os princípios divinos, garantindo à alma o direito de acessar o paraíso. Já um coração pesado, sobrecarregado de mentiras, injustiças ou desequilíbrios, levava à condenação da alma. Essa visão ressaltava a importância de viver com autenticidade e responsabilidade, sabendo que cada escolha teria reflexos eternos.

A identificação com Osíris, deus da ressurreição e da renovação, oferecia outro caminho para a imortalidade. Osíris, que morreu e renasceu, tornou-se um modelo para os egípcios, simbolizando a possibilidade de vencer a morte e renascer para uma nova vida. Através de rituais e símbolos associados a ele, os egípcios buscavam não apenas a ressurreição física, mas também a renovação espiritual. Identificar-se com Osíris era, em essência, uma afirmação de fé na capacidade de transcender a morte e alcançar a união com o divino.

Mais do que uma mera recompensa, a imortalidade era vista como a culminação de uma jornada de transcendência. Representava não apenas a sobrevivência da alma após a morte, mas também a realização do potencial espiritual humano. A imortalidade era, portanto, uma união com o divino, um estado de consciência superior onde o indivíduo transcendia as limitações da existência terrena para se integrar à ordem universal. Essa perspectiva oferecia aos egípcios não apenas consolo diante da mortalidade, mas também um propósito maior para a vida.

O "Campo de Juncos", descrito como um paraíso de felicidade eterna, era a recompensa final para aqueles que viviam de forma justa e se preparavam adequadamente para a morte. Nesse lugar de beleza e abundância, as almas desfrutavam de prazeres semelhantes aos da vida terrena, mas sem as limitações e os sofrimentos do mundo físico. Essa visão idealizada do além reforçava a crença de que o esforço ético e espiritual valia a pena, pois garantia não apenas a continuidade da existência, mas também um estado de harmonia e plenitude.

A busca pela imortalidade no antigo Egito era, portanto, uma jornada complexa que começava na vida terrena e se estendia para além dela. Ela envolvia práticas materiais, como a mumificação e a construção de tumbas, mas também exigia um profundo comprometimento espiritual e ético. Mais do que escapar da mortalidade, os egípcios buscavam transcender suas limitações humanas, conectando-se com o divino e alcançando um estado eterno de harmonia. Essa visão não apenas moldava sua compreensão da vida e da morte, mas também conferia sentido e propósito à existência, oferecendo consolo, esperança e a promessa de uma eternidade em comunhão com o cosmos e o divino.

A busca pela imortalidade, no cerne da espiritualidade egípcia, representava a síntese entre o transitório e o eterno, entre a fragilidade da vida física e a aspiração pela permanência espiritual. Não era apenas um desejo de escapar da mortalidade, mas uma afirmação de que a existência, com todas as suas nuances, fazia parte de uma ordem maior e divina. Cada ato de preservação do corpo, cada feitiço entoado e cada oferenda depositada nas tumbas era uma declaração de fé no poder transformador da continuidade. Para os egípcios, a imortalidade não era uma recompensa distante, mas um estado que exigia dedicação e alinhamento com os princípios que regiam o cosmos.

A preparação para a eternidade, ao mesmo tempo rigorosa e repleta de simbolismo, refletia a crença de que a vida e a morte eram estágios interligados de uma mesma jornada. A preservação do corpo pela mumificação, por exemplo, demonstrava um compromisso com a unidade do material e do espiritual, onde a forma física era vista como o alicerce sobre o qual o espírito podia repousar. Da mesma maneira, os textos funerários e os rituais associados à passagem não apenas guiavam a alma, mas também reafirmavam que cada indivíduo, ao respeitar a ordem universal de Maat, podia transcender suas limitações terrenas e participar da imutável harmonia do universo.

Assim, a imortalidade no Egito Antigo não era um conceito distante, reservado aos deuses ou aos eleitos, mas um objetivo possível, acessível a todos que se comprometessem com a verdade, a justiça e a ordem. Essa visão transcendia a ideia de perpetuação pessoal e alcançava a conexão com algo maior, onde o indivíduo se tornava uma extensão da eternidade. Ao compreender a morte como uma transição e não um fim, os egípcios transformaram a vida em uma preparação sagrada, uma jornada em direção à unificação com o divino, oferecendo-nos, ainda hoje, uma perspectiva inspiradora sobre a mortalidade e o eterno.

# Capítulo 34
## A Jornada Continua

A jornada pelo universo da religião egípcia transcende a mera contemplação histórica; ela é um convite a refletir sobre a essência da vida, a espiritualidade e os mistérios que cercam a existência humana. Ao longo desse percurso, somos levados a explorar não apenas o mundo antigo, mas também as perguntas universais que atravessam os tempos: o significado da vida, o papel da morte e a busca por transcendência. Essa travessia nos conecta diretamente ao coração do Egito Antigo, onde o espiritual e o material se entrelaçavam, e onde a vida era vivida com a certeza de que cada ação reverberava na eternidade.

A religião egípcia revela uma visão de mundo profundamente integrada, em que os deuses, a natureza e a humanidade coexistiam em harmonia. Cada ritual, cada monumento e cada mito era uma expressão desse equilíbrio essencial, que guiava não apenas os indivíduos, mas toda a estrutura social e política. Ao mergulhar nesses elementos, compreendemos que o Egito não era apenas uma civilização de grandiosidade material, mas uma cultura profundamente comprometida com a espiritualidade e com a conexão entre o divino e o humano. É nesse encontro entre o terreno e o eterno que reside o verdadeiro fascínio dessa religião, capaz de inspirar gerações ao longo dos milênios.

Mas o encanto do Egito Antigo não termina na contemplação de seu passado. Ele continua a nos desafiar e a nos inspirar, oferecendo lições atemporais sobre a ética, a busca por significado e o relacionamento com o desconhecido. Assim, a jornada por esse mundo é, na verdade, um ciclo contínuo de aprendizado e descoberta. Ao explorarmos as práticas, crenças e símbolos dessa civilização extraordinária, somos convidados a revisitar nossas próprias concepções sobre vida, morte e espiritualidade, reconhecendo no Egito um espelho de nossa própria busca pela compreensão do que significa existir.

A jornada pela religião egípcia vai muito além de uma análise histórica ou arqueológica; é uma travessia que nos convida a contemplar questões universais sobre a vida, a morte e a transcendência. Por meio dela, somos transportados a um mundo em que o espiritual e o material estavam profundamente entrelaçados, onde cada ação cotidiana era carregada de significado eterno. Essa visão de mundo integrada, tão característica do Egito Antigo, não apenas nos fascina, mas também nos provoca, nos fazendo questionar e refletir sobre nossas próprias concepções de existência.

Exploramos ao longo dessa jornada a crença egípcia na vida após a morte, um dos pilares de sua espiritualidade. Para eles, a morte não era um fim, mas um recomeço, uma transição para outra forma de existência. A jornada da alma pelo além-mundo era ricamente simbolizada nos textos funerários, como o

"Livro dos Mortos", que revelavam um caminho cheio de desafios, mas também de promessas. Essa travessia culminava no julgamento final no Tribunal de Osíris, onde o coração do falecido era pesado contra a pena de Maat. Esse momento de avaliação representava o ápice de uma vida vivida sob os princípios da verdade e da justiça, reafirmando o compromisso ético que guiava os egípcios em sua busca por equilíbrio e harmonia.

Nos aprofundamos também nos símbolos e amuletos que acompanhavam os egípcios em sua existência. Esses objetos, carregados de significados e propósitos, ofereciam proteção contra o mal, garantiam boa sorte e reforçavam a conexão com os deuses. O olho de Hórus, o escaravelho e o ankh não eram apenas acessórios, mas manifestações tangíveis da espiritualidade egípcia, que via no mundo físico reflexos diretos das forças divinas. Esses símbolos, ao lado dos rituais funerários e da mumificação, mostravam uma preocupação meticulosa com o destino da alma, um esforço coletivo e pessoal para assegurar a continuidade da existência em um plano superior.

Maat, a deusa da verdade e da justiça, ocupou um lugar central em nossa reflexão, revelando como a ética e a moral eram intrínsecas à espiritualidade egípcia. Os princípios de Maat guiavam não apenas os indivíduos, mas também a sociedade como um todo, garantindo que a ordem cósmica fosse preservada. Compreender Maat é entender que, para os egípcios, viver em retidão não era apenas uma virtude, mas uma necessidade cósmica. Isso se manifestava em cada aspecto da vida – desde os festivais religiosos, que uniam celebração e renovação espiritual, até a organização política, onde o faraó representava a manutenção de Maat na terra.

Além disso, a busca pela imortalidade emerge como uma das expressões mais fascinantes da visão egípcia de mundo. Essa aspiração por transcender as limitações humanas e alcançar a eternidade era uma jornada que combinava práticas materiais, como a construção de tumbas elaboradas, com um profundo comprometimento espiritual. A identificação com Osíris, deus da ressurreição, simbolizava a esperança de renascimento e de união com o divino. Para os egípcios, a imortalidade não era apenas um privilégio dos faraós, mas uma promessa acessível a todos que vivessem em harmonia com as leis universais.

Essa jornada pelo universo egípcio nos trouxe não apenas conhecimento, mas também inspiração. Apesar de se tratar de uma civilização distante no tempo, os mitos, rituais e crenças do Egito Antigo continuam a influenciar nossa arte, literatura, filosofia e espiritualidade. Seus símbolos ainda nos desafiam a pensar sobre nossa própria relação com a existência, enquanto sua busca por ordem e transcendência ressoa com questões que continuam a nos intrigar nos dias de hoje.

No entanto, a jornada não termina aqui. Ela é apenas o começo de uma exploração sem fim, uma porta de entrada para um universo complexo e fascinante que ainda guarda muitos mistérios a serem desvendados. Para aprofundar essa conexão com o Egito Antigo, há inúmeras possibilidades. Visitar museus e exposições, como o Museu Egípcio do Cairo, o British Museum ou o

Louvre, oferece a chance de ver de perto os artefatos que testemunharam essa rica cultura. Livros e artigos fornecem análises detalhadas e perspectivas variadas sobre a história, a religião e a sociedade egípcia. Documentários e filmes, por sua vez, dão vida a essa civilização, misturando imagens impressionantes com narrativas cativantes. E, para aqueles que desejam ir além, uma viagem ao Egito permite vivenciar a magia dos templos, tumbas e paisagens que testemunharam milênios de história.

O Egito Antigo é mais do que uma memória distante; é um convite contínuo à exploração, um lembrete de que nossa busca por significado, transcendência e conexão é, na verdade, uma jornada compartilhada pela humanidade. Que as reflexões e descobertas proporcionadas por esta obra sirvam como um ponto de partida para novas aventuras e aprendizagens, despertando a curiosidade e o desejo de compreender não apenas essa civilização extraordinária, mas também a nós mesmos. Afinal, a jornada nunca termina; ela apenas se transforma, convidando-nos a continuar explorando os mistérios da existência.

Atravessar os mistérios do Egito Antigo é mergulhar em uma narrativa que continua ecoando pela eternidade, conectando-nos a questões atemporais sobre o significado da existência e nossa relação com o cosmos. Mais do que um estudo do passado, essa jornada é um diálogo com o presente, um convite a revisitar nossos próprios valores, crenças e aspirações. A sabedoria dos egípcios, gravada em pedra e preservada em rituais, transcende o tempo, oferecendo-nos uma perspectiva de que o humano é tanto terreno quanto eterno, parte de um ciclo maior que não pode ser ignorado.

Ainda hoje, o Egito nos ensina que a busca pela ordem, pela justiça e pela harmonia não é apenas uma responsabilidade coletiva, mas um dever individual. Maat continua sendo um símbolo universal da necessidade de equilíbrio, enquanto a busca pela imortalidade nos lembra que a essência da vida está na conexão com algo maior que nós mesmos. Esse legado espiritual e cultural, esculpido nas pirâmides, nas tumbas e nos mitos, serve como um lembrete de que a existência é tanto um privilégio quanto uma responsabilidade, e que nosso impacto vai além do que podemos ver ou compreender em vida.

Assim, enquanto encerramos esta etapa da jornada, nos damos conta de que ela não tem fim. O Egito permanece, não apenas como um lugar no mapa, mas como um estado de espírito, uma eterna fonte de inspiração. Que o fascínio por seus deuses, seus rituais e sua visão de mundo nos motive a continuar explorando, aprendendo e crescendo. E que, como os antigos egípcios, possamos viver com a consciência de que nossas ações e escolhas ressoam para além de nós, tornando-se parte de uma ordem maior que unifica a humanidade ao infinito.

# Epílogo

Ao final desta jornada pelo universo espiritual dos antigos egípcios, emerge uma compreensão mais profunda sobre a essência de uma civilização que transcendeu o tempo. O Egito Antigo, com suas crenças e práticas religiosas, nos convida a refletir sobre os valores universais que moldam a humanidade: a busca pela ordem, a conexão com o sagrado e a crença na continuidade da existência.

A religião egípcia era mais do que um sistema de adoração; era uma visão de mundo onde o equilíbrio cósmico, o **ma'at**, permeava todas as ações humanas e divinas. Cada ritual, templo e mito tinha como propósito manter essa harmonia, conectando o homem às forças que governam o universo. Essa percepção do sagrado não era distante, mas profundamente integrada à vida cotidiana, desde os ciclos agrícolas às celebrações que uniam comunidades inteiras em honra às divindades.

Os mitos de deuses como Ísis, Osíris e Rá não eram apenas narrativas, mas expressões simbólicas que ensinavam os egípcios a enfrentar os desafios da vida e a aceitar a inevitabilidade da morte. A jornada da alma pelo **Duat** e o encontro com Osíris no julgamento final refletiam uma sociedade que acreditava na justiça divina e na possibilidade de renascimento. Essa esperança na eternidade, sustentada por práticas funerárias como a mumificação e a construção de tumbas, ainda hoje fascina e inspira, revelando uma humanidade que jamais abandonou a busca por sentido e transcendência.

Ao compreender a religião egípcia, também compreendemos um pouco mais sobre nós mesmos. Muitos dos temas que marcaram essa cultura – a renovação cíclica, a luta contra o caos, a busca por uma conexão espiritual – continuam presentes em nossas próprias histórias, sejam elas individuais ou coletivas. O Egito Antigo não é apenas um legado arqueológico, mas um espelho de questões atemporais que ainda ecoam em nossos valores, medos e aspirações.

Este livro, ao revelar as profundezas da espiritualidade egípcia, não encerra uma história, mas abre portas para reflexões contínuas. Assim como os antigos egípcios, somos convidados a pensar sobre o que deixamos como herança, como vivemos em harmonia com o mundo ao nosso redor e como encaramos os mistérios da vida e da morte. Que essas lições possam servir de inspiração para que cada um de nós encontre seu próprio equilíbrio, sua própria forma de ma'at.

A travessia pelo Egito Antigo talvez termine aqui, mas os aprendizados que ela proporciona seguem adiante, como uma ponte que conecta passado e presente. Que o legado dos antigos egípcios continue a iluminar nossas jornadas e a nos lembrar de que a busca pela harmonia e pelo sagrado é, acima de tudo, um reflexo da própria essência humana.

www.ingramcontent.com/pod-product-compliance
Lightning Source LLC
LaVergne TN
LVHW040137080526
838202LV00042B/2938